心理職による
地域コンサルテーションと
アウトリーチの実践

● ● ●

コミュニティと共に生きる

舩越知行 ● 編著

金子書房

はじめに

　今日，心理職として地域の中で臨床活動をするマンパワーが増えている。それは医療・保健，教育・福祉，司法・産業等の多分野にわたる職域において，また臨床心理士，発達臨床心理士，学校心理士等の多様な職名における活動の広がりとして，社会のニーズに応える形で拡大し，その専門性を分化，発展させている。
　そして心理職の仕事は，専門機関や専門施設における知識技術の提供に留まらず，地域への援助と支援に向かっている。
　この心理業務への要請の意味するところは，複雑化する社会問題を背景に，単一の専門職による援助や支援を超えた，組織的なチームアプローチにおけるキーパーソンとしての期待である。
　これまで心理職は，地域においてさまざまな評価を受けながら専門職をつなぐ存在として臨床活動を担ってきた。今般，成立を見た心理業務の国家資格化によって，今後，多くの人材が専門職として社会に輩出されることが予想される。それだけに地域における心理職の臨床活動について，実践家の視点から何が必要で，何が重要なのかを整理する時期にきている。
　本書は，地域における心理職の仕事に焦点をあて，心理職によるコンサルテーションとアウトリーチについて学校教育臨床，放課後対策，特別支援教育，保育所支援，児童養護施設・乳児院，児童発達支援，子育て支援における心理臨床活動をまとめたものである。
　本書では，わが国における心理学に関する認定資格として臨床心理士，臨床発達心理士，学校心理士などに代表される職名を総称して心理職と表現している。本書は地域において，はじめて心理職として臨床活動する方に向けた実践的解説書であり，すでに臨床活動を始めている方への指南書としてまとめたものである。特にこれから心理職に就きたいと考えている方に，この仕事がどのように地域システムと結びついているのか，心理職が関係機関の対人援助職との間でどのように連携・協働を進めているのか，さらに普段どのような問題に直面し解決にあたっているかなど，具体的な事例を示しながら解説している。

また本書は，心理職の仕事と隣接する保健，教育，保育，福祉等の多領域の専門職の方に向けたメッセージの意味を込めている。各領域の専門職の方にリアルな心理職像の理解を導き，心理職の仕事について理解を得ることに役立つことを願っている。

　本書は，心理職に求められている地域とともに生きる臨床活動とは何かに的を絞り，7つの心理臨床を通じて地域支援のエッセンスを導き出している。

　第1章は，コンサルテーションとアウトリーチについて，コミュニティ心理学，社会福祉学等の基礎的な概念を紹介する。ここでは心理職が地域において臨床活動を行なう場合に必要な個人臨床から地域臨床へのパラダイム転換に焦点をあてる。

　これまであまり吟味されてこなかった心理職の臨床活動を表現する際に用いられる援助と支援について，心理職が担う社会的な役割の変化との関係から考察する。

　第2章は，学校臨床における心理職の業務をスクールカウンセラーの取り組みを通じて紹介する。ここでは学校組織と関係機関との連携の問題を教育文化とのかかわりを通して述べる。誰もが幾度となく直面する心理職としてのアイデンティティの揺らぎや集団的守秘義務の問題を学校内部と外部における問題として考察する。そしてスクールカウンセラーの臨床活動の将来像に言及する。

　第3章は，放課後支援という子どもの居場所における自立支援を心理職の巡回相談の取り組みを通じて紹介する。ここでは学童保育・放課後対策という，いわば地域文化と家族機能の縮図のような場に求められる従事者援助のあり方を検討する。子どもの社会性の未熟さや問題行動への助言，二次障害の防止など，発達支援と環境調整について援助の成果を示し放課後におけるインクルーシブな環境を整える臨床活動を述べる。

　第4章は，心理職の業務を幼稚園，小学校・中学校での特別支援教育における巡回相談を通じた学校コンサルテーションとして紹介する。さらに就学相談，就学移行支援について教育システムを束ねる行政機関の立場から心理職の役割を考察する。特別支援教育における校内体制の支援，アセスメント方法など特別な教育的ニーズをもつ子どもの学校支援について述べる。

　第5章は，保育所へのアウトリーチにおける心理職の業務を紹介する。ここ

では，保育所が求める心理職のアウトリーチと臨床活動の実際を述べる。保育コンサルテーションや保育研修など心理職が行なうアウトリーチを保育者がどのように捉えているのかについて考察する。

　第6章は，児童養護施設及び乳児院における心理臨床を紹介する。ここでは，社会的養護の拠点施設における心理臨床のプロセスと養育・生活をベースとした心理臨床を検討する。心理職の業務を生活支援と連動させ，支援計画の展開の中でソーシャルワークに参加する心理職の役割を述べる。子どもの生活自体の治癒力に焦点をあてた心理業務，さらに家族復帰のための心理援助と地域支援について考察する。

　第7章は，児童発達支援における心理臨床を紹介する。ここでは，療育施設における心理職の業務を発達支援，家族支援，地域支援の3層構造を通じて明らかにする。療育施設におけるチームアプローチにおける心理職の役割や巡回相談や在宅訪問などのアウトリーチを通じた心理臨床を紹介する。地域に根ざす療育アプローチにおける心理業務を考察する。

　第8章は，子育て支援と児童虐待防止の地域ネットワークの拠点である子ども家庭支援センターにおける心理臨床を紹介する。子育て支援における育児相談と親教育，児童福祉施設へのコンサルテーション，地域虐待予防システムにおける心理職の役割について検討する。地域コミュニティにおける心理職の実際問題を養育困難家庭への家族支援，要保護対策地域協議会や関係機関との連携を例に考察する。

　本書の全体を通じて筆者たちが取り上げていることは，いかにして心理職が，施設の中で，あるいは地域の中で多職種と連携しチームの中で役割を担うかである。さらに地域に根ざす専門職として問題意識をもつ心理職のあり方とは何かである。本書に参加しているメンバーは，それぞれが長年にわたって心理臨床の実践活動を積み重ねてきた者である。共通するのは，それぞれの仕事の中で，しっかりと心理臨床を行なうために努力をしているところである。それは個別的心理臨床やコンサルテーションを含む臨床活動の中で表れている。また，何よりも心理領域以外の専門職との協働の重要性を認識していることである。本書を読み進めていただくと心理職として地域に根づくことは，地域を巻き込んだ組織的コンサルテーションに至る地域臨床の姿であることをご理解いただ

けると思う。本書は，今日の地域における心理職の現状をリアルに描き出している。それだけに近い将来，地域において心理臨床活動に関与する仲間が増えたときに本書が役に立つことを願ってやまない。

2016年3月

編者　舩越知行

心理職による地域コンサルテーションとアウトリーチの実践
コミュニティと共に生きる

目次

はじめに――i

第1章 地域における心理援助と支援の基礎

舩越知行……………………………………………………………2

　はじめに　2
　第1節　心理職の今日的課題　3
　第2節　心理臨床とコミュニティ　5
　第3節　心理臨床の考え方　11
　第4節　コンサルテーション　18
　第5節　アウトリーチ　23
　第6節　援助と支援の関係　27
　第7節　地域の中の心理職　33

第2章 学校における心理臨床

泉野淳子……………………………………………………………40

　はじめに　40
　第1節　学校内部での役割　41
　第2節　外部機関との連携における役割　51
　第3節　スクールカウンセリングの将来－今後に向けて－　57
　おわりに　58

第3章
放課後支援における心理臨床
小川圭子……………………………………………………………………60

はじめに　60
第1節　放課後の充実に向けた施策
　　　　──放課後子どもプラン・放課後児童クラブなどの実際　60
第2節　障害児の放課後支援
　　　　──居場所づくりや自立促進への援助　65
第3節　環境を含めた当事者理解
　　　　──虐待や家庭の問題と肯定的介入　68
第4節　放課後の発達支援
　　　　──地域で生きる子どもたちへのコンサルテーション　71
第5節　地域コンサルテーションとアウトリーチの実際　75
おわりに　79

第4章
特別支援教育における心理臨床
平野敏惠……………………………………………………………………81

はじめに　81
第1節　特別支援教育システム　82
第2節　特別支援教育におけるアセスメント　85
第3節　巡回相談と学校（園）コンサルテーション　91
第4節　特別支援教育担当部署の心理職の役割　93
おわりに　106

第5章

保育所における心理臨床

清水幹夫 …………………………………………………………………… 108

はじめに　108
第1節　保育所の数と利用している子どもの数　109
第2節　認可保育所における心理職のかかわりの現状　111
第3節　保育所の側から主体的に求められる
　　　　心理職のアウトリーチ　113
第4節　保育関係団体や組織からの心理職のアウトリーチ　119
第5節　その他の心理職のアウトリーチ　124
おわりに　125

第6章

児童養護施設・乳児院における心理臨床

若松亜希子 ………………………………………………………………… 128

第1節　児童養護施設における心理的援助　128
第2節　援助計画と心理職の参加　133
第3節　生活の治癒力　138
第4節　個別心理療法によるケア　146
第5節　他機関との連携　151
第6節　家族への援助　153
第7節　乳児院における心理職の役割と援助　154
おわりに　159

第7章
児童発達支援センターにおける心理臨床
縄田裕弘……………………………………………………………………… 161

はじめに　161
第1節　児童発達支援センターとは　161
第2節　地域機関における早期発見機能　162
第3節　アウトリーチとしての在宅訪問　165
第4節　関連機関との連携と心理臨床　168
第5節　チームアプローチの中の心理職　170
第6節　親・家族支援と心理支援　172
第7節　地域に根ざした療育アプローチと心理臨床　177
おわりに　178

第8章
子ども家庭支援センターにおける心理臨床
坂入健二……………………………………………………………………… 181

第1節　子ども家庭支援センターとは　181
第2節　育児不安・子育て支援における心理支援　187
第3節　虐待予防システムにおける心理職の役割　192
第4節　家族支援と心理臨床　196
第5節　要保護児童対策地域協議会と機関連携　198
おわりに　201

あとがき――204

心理職による
地域コンサルテーションと
アウトリーチの実践

コミュニティと共に生きる

第1章
地域における心理援助と支援の基礎

舩越知行

はじめに

　日本臨床心理士会が実施した第6回臨床心理士の動向調査報告書（2012）によると心理業務の領域は，医療保健28.6％，福祉11.9％，教育21.5％，司法2.8％，産業3.0％など多岐にわたり，業務の内容は心理面接79.9％，心理アセスメント74.0％，心理地域援助53.9％である。これは臨床心理士が地域との接点をもち，専門職として地域援助（コーディネーション，コンサルテーション，リエゾン，心理教育など）に携わっていることを示している。臨床心理士は，すでに地域の中でさまざまな臨床活動を展開しており，対人援助の重要な役割を担っている。

　今日，臨床心理士をはじめとする心理専門職（以下，心理職という）の専門性が問われており，地域におけるチームアプローチや多職種との連携・協働の実際を知る必要性が増している。わが国の人口減少社会の到来と少子高齢社会の影響による社会構造の大きな変化は，新たな社会的ストレスと心の葛藤をもたらすと予想される。それは，いま以上に地域文化の変質と家族や個人の生活様相の複雑さを意味する。

　そのような社会では，ひとの生活に密着した保健医療，福祉，教育のサービス分野で多様性（Diversity）の尊重と公正（Equity）に配慮した対応がきわめて重要になる。対人援助サービスの一役を担う心理職の役割も家族や個人の状況に焦点づけた活動に加えて，調整者としてのあり方やリーダーシップが求められる。いうまでもなく心理職の特徴は心理検査や心理療法としての視点で

あるが，近年ではクライエントとの直接的な関係を指すミクロレベルでの活動に留まらず，多職種・多機関との連携・協働というメゾレベルでの活動，さらには地域システムや行政施策というマクロレベルでの活動を含めた専門職として総合力を高めている。

　いまや心理職は，さまざまな組織や機関の中で多様な心理業務に従事している。その職域範囲も，保健医療，福祉，教育，司法，産業等の領域に拡大しているが，今後一層，心理職が当事者に近いところで援助活動を浸透させ現実的な問題解決能力を有する職種として認知される必要がある。

　そのためには心理職の養成課程において，地域に関与するさまざまな専門職の理念や目的，理論，実践の方法と技術などに関心を寄せることによって，多職種との連携・協働に関する専門性を高めていく教育が必要である。心理職に就く者が，どのように地域やコミュニティへの問題意識をもつかが，専門職として地域に受け入れられ持続的な仕事をするかを左右するといえる。

　これからの心理職には，従来から指摘されてきた専門施設や機関で"待つ"姿勢ではなく，地域社会に自らを開き，地域の中で調整力をもって当事者に寄り添い，臨床活動に従事することが期待される。

　心理職を含めた対人援助職の提供するサービスには，キュア（治療：Cure）とケア（世話・介助：Care）の2つの援助がある。近年，この対人援助の領域では，保健や看護など他領域との連携が進む中で専門性のボーダーレス化が見られ対人援助職として心理職の専門性が大きく問われている。本章では，心理職は，「わが国の臨床心理学が面接室内の個人心理療法を理想とするモデルとしてきた結果，社会に開かれた活動モデルを構成できていなかった（下山，2010）」という問題認識にたって，心理職の地域における心理コンサルテーションとアウトリーチ活動について検討する。

第1節　心理職の今日的課題

1-1　心理職の対応モデル

　今日，専門機関では，多様な相談ニーズに応える必要性から施設の相談機能を通所型に加えてコンサルテーションやアウトリーチといった訪問型に重きを

置くようになっている。それに応じて心の問題に対応する心理業務も，相談室から地域に出て当事者の近くで活動する機会が増している。この背景には，2000年代以降の社会福祉基礎構造改革によるサービス環境の変化がある。利用者ニーズを重視する対人援助サービス，とりわけ対人援助サービスにおける利用者本位のサービス提供といった制度の見直しによる影響である。

　さらに世界保健機構（WHO, 2001）の国際生活機能分類（ICF: International Classification of Functioning, Disability and Health）によって導き出された「生活機能モデル」は，人間と環境との相互作用の枠組みを通じて，健康状態を生活機能として捉え「心身機能・身体構造」「活動」「参加」の3要素と背景因子としての「環境因子」と「個人因子」の2要素からなる全体像を重視する。これは，従来の医療モデルや社会モデルから生物-心理-社会モデルへと援助の枠組みを変えた。

　これは心理職の援助活動にも変化をもたらした。従来の力動的臨床心理学に基づく対人援助は，主に保健医療領域において医療モデルとして行なわれてきた。近年では，この疾病の治療及び障害の軽減を目的とする医療モデルに代わって，クライエントの環境を改善し生活の質（QOL）を維持し，生活機能全体を向上させる成長モデルへと見直しが図られている。

　医療モデルは専門職に重きを置く本人要因への対応であり，他方，成長モデルは当事者に重きを置いた環境要因との相互作用を重視する対応である。今日では，これまでの臨床心理学が個人要因に偏りがちであったことから予防や健康といった環境要因の改善に目を向ける新たな方向を生んでいる。

1-2　予防的介入

　近年の心理臨床では，事後対応よりも事前対応＝予防と積極的な早期介入が重要になっている。この「予防（prevention）」の発想は，公衆衛生学のウインスロウ（Winslow, 1949）や予防精神医学のキャプラン（Caplan, 1964）が定義づけしたように保健分野において古くから重要視されている。この点が，従前の臨床心理学には不足しているところであり，臨床心理学においても本人要因の欠陥への対応を主とする医療モデルから，その欠陥を一部と見なし全体的視点の立場に立って環境との相互作用の改善に焦点をあてる恢復（レジリエ

ンス）もしくは成長モデルへとパラダイム転換が図られている。

　ここでの中心的なキーワードは，予防的介入である。最近の臨床心理学における予防的介入には，ポジティブ支援と呼ばれる応用行動分析学を理論的背景とするアプローチがある。たとえば，1980年代半ばに開発されたポジティブな行動支援（PBS：Positive Behavioral Support）は，応用行動分析学の原理に基づき，生態心理学，コミュニティ心理学，ポジティブ心理学などの領域から影響を受けている。

　ここでの専門職の介入のポイントは，結果に対する介入ではなく，事前段階での予防的介入を重視するところであり，「プロアクティブ（proactive）＝事前の」対応にある。これまでの問題行動への専門職の援助は，反応の結果に対する対応という意味での「リアクティブ（reactive）＝事後の」対応であった。心理臨床の実践において重要なことは，心理職の対人援助も事前の対応を講じプロアクティブな対応への転換を図ることである。

　心理職が活動の場を相談室から地域へと移すとき，予防的介入としてのプロアクティブな対応に取り組む必要がある。というのも従前のリアクティブな相談対応では，専門職の扉を開けるまでにいたる時間がかかりすぎ，問題が発生してからでは遅きに失するためである。特に，子育て支援や不適切な育児，発達支援，虐待，いじめ，自殺などには，予防の視点が必修であり，心理職が積極的に取り組む課題であるといえる。

第2節　心理臨床とコミュニティ

2-1　地域とコミュニティ

　地域やコミュニティの位置づけに関しては，すでに社会学や予防精神医学及び臨床心理学の一角をなすコミュニティ心理学，社会福祉学の知見が存在する。

　まず，社会学者のマッキーバー（MacIver, 1917）は，コミュニティについて基礎的な地域共同体，「共同性」と「地域性」といった諸条件をもつ集団と捉えた。そのコミュニティの基盤の上に目的によって結合した「人為的集団，機能的集団」をアソシエーションと位置づけた。社会学者のヒラリー（Hillery, 1955）は，コミュニティの概念について3つの特徴を見出した。

1つは，それを構成する諸個人の間で社会的相互作用がかわされていること，2つは，地域的空間が限定していること，そして3つは共通する絆である。
　コミュニティ心理学では，「コミュニティとは人が共に生き，それぞれの生き方を尊重し，主体的に生活環境システムに働きかけていくこと（山本，1987）」であり自主的な共同生活を意味する。コミュニティは，単なる行政的区画以上のもの，生活の場（ハビタイト）であり，市民としての自主性と責任を自覚した個人や家族，社会組織を主体とする集団と見なす。コミュニティとは多数のアソシエーションを包み込む自由なものであり，そのもとは社会的存在としての人の共同生活の場として捉えている（安藤，2009．高畠，2011）。
　地域もしくはコミュニティとは，共通の利益をもつ，または将来的に生まれると思われる人たちとの間に「地元や世間意識」，「共有する価値観」といった共同体の感覚を維持した文化的，地理的なエリアであり，その中で互恵・互酬関係が成り立つエリアと捉えることができる。
　今日，わが国の地域やコミュニティは，半ば崩壊したといわれるが，それでも伝統に支えられた都会の一部や地方において現在も色濃く存続している。その良い例が各地に見られる「祭事・風習」である。各地の祭事・風習には，地域文化の象徴性，コミュニティや地域の凝集性，共同性が保たれている。この地域やコミュニティの範囲は，地方，地区，校区など規定の違いがあっても人々の生活基盤として成り立っており，心理職の臨床活動も，こうした文化的，地理的背景についての理解を深めなくてはならない。
　これまで心理職の臨床活動は，こうしたクライエントの生活の場や地域・コミュニティの文化的背景への認識が十分ではなく，人と環境の相互作用に影響を受けた悩みや問題の背景に目を向けることが不足していた。
　地域の心理臨床家にとってのコミュニティの価値的・態度的意味は，次の4点にまとめられる（山本，1987）。

① 人間を全体としてとらえる
② 共に生きよう，共に生きている
③ それぞれの人が，その人なりにいかに生きていけるのか，決して切り捨てのない社会をどう追求するか

④　自分たちの責任で生きよう，われわれ1人ひとりの主体的参加が大切

　こうした4つの点が，地域やコミュニティの中で臨床活動をする者にとって拠って立つ基本的態度である。心理職が地域やコミュニティとかかわるうえで問われていることは，心理職がクライエントの生活の場やそれを支えている地域やコミュニティを視野に入れて，どのくらい深く臨床活動ができるかである。

2-2　心理臨床と地域援助

　臨床心理学には，臨床心理学面接，臨床心理学査定，臨床心理援助活動の3つの柱がある。その中で心理援助活動は，地域を基盤とする実践的な心理臨床である。

　臨床心理士会報告（2012）によれば，臨床心理の仕事は，①臨床心理面接（心理療法，心理相談，心理カウンセリング，心理指導，心理訓練，来談者中心療法，行動療法，精神分析，夢分析，遊戯療法，芸術療法，家族療法，臨床動作法などのさまざまな臨床心理学的援助技法を含む），②臨床心理アセスメント（諸種の心理検査，生活史や問題状況などについての査定面接，生活場面や遊戯場面，グループ場面での行動観察などを含む），③臨床心理地域援助（より効果的な援助を行なうため学校や職場や地域社会に働きかけて調整するコーディネーション，他専門家へのコンサルテーションやチームとしてのリエゾン，一般的な生活環境の健全な発展のために心理的情報を提供する活動［他職種や地域住民を対象とする講演会・研修会講師］などを含む）となっている。

　なかでも臨床心理地域援助は，「地域社会で生活を営んでいる人びとの心の問題の発生予防，心の支援，社会的能力の向上，その人びとが生活している心理的・社会的環境の整備，心に関する情報の提供などを行なう臨床心理学的行為」を指している（山本，2001）。

　コミュニティ心理学的臨床実践の特徴は，以下のようである（山本，2001）。

①　治療より予防を重視する
②　密室から生活場面へといったように，クライエント（ユーザー）の生活場面での援助を重視する

③　個人と健康の両面を吟味し，両者の適合性をめざす
④　個人の弱さや問題点ではなく強さとコンピテンス（有能さ）を強調する
⑤　人間の差異，多様性を当然のこととして認める
⑥　多様なコミュニティ場面での多様なサービスの選択肢の提供を重視する
⑦　エンパワーメントを重視する。すなわち人々が自分の問題や生活全般をコントロールできるようになることをめざす

このような心理臨床の特徴が心理職の地域援助に求められる観点である。

2-3　地域に根ざす心理臨床

　ここでは地域に根ざした心理的サービスと心理職との関係を見ることにする。なぜ心理職には地域に根ざす活動が必要なのか。それは地域にはコミュニティの力を得て，地域の一員として受け入れられ生活する障害や疾病をもつ人々が普通に暮らしており，その人々が心理職をはじめ専門職の助けを必要とする状況にいるからである。

　すでに英米では，1980年代後半以降，精神保健分野と障害福祉分野において施設から地域移行への進展を見た。それは，公的な保健福祉サービスの変遷として見ることができる。まず1970年代の分離（セグリゲーション）から1980年代の統合（インテグレーション）の時代を迎え，地域に根ざした取り組みの段階に入った後，1990年代から包摂（インクルージョン）中心の段階へとつながり，2000年代からはコミュニティ・インクルージョンが主流となっている。

　これは，保健福祉領域に留まらず，同時に1994年のユネスコのサラマンカ宣言を契機とする教育分野のインクルーシブ教育（inclusive education＝包み込む教育）の潮流としても見ることができる。インクルーシブ教育の責任は，すべて生徒のニーズに応える本流を工夫する学校の教員におかれるという考え方である（Stainback, 1992. 冨安, 1995）。

　英米諸国におけるインクルージョンの潮流は，狭義での障害－健常の枠組みを超え，すべての子どもの特別なニーズ（貧困，ひとり親，外国籍，養育困難，障害，社会不適応，いじめ，学習困難，長期欠席など）という広義の内容を含むものとなっている。

このような保健福祉と教育サービスの展開の中で，わが国においても心理職を含む対人援助職にとって，地域へのアプローチは必須となっている。心理職による地域に根ざした支援の実現は，心理職が自らの仕事のコミュニティでの重要性を認識することから始まり，同時に地域に貢献する役割を担うことに力を注ぐことを意味している。心理職のコミュニティ・インクルージョンへの貢献は，障害や特別なニーズをもつ当事者が地域の中で包み込まれ誰もが排除されないコミュニティづくりに関与することである。

　このような視点を心理職が認識し活動するならば，「もはや現代社会では，障害が人に帰属するものではなく，人と環境の間にあるということ，障害者は支援さえあれば障害のない人とともに社会の一員として暮らせるということを認識し始めたと見ていいであろう（冨安，1995）」ということを裏づけることになる。

　このように専門職は，地域やコミュニティの資源である人々（多領域の専門家，キーパーソン，ケア・ワーカー，ボランティアなど）と連携し，協働していかなければならない（箕口，2011）。

　筆者は，このような認識を浸透させることが心理職を地域に根づかせコミュニティ・インクルージョンの進展に寄与すると考えている。

2-4　心理臨床のパラダイム

　心理職が担う心理臨床活動のうち，古くて新しい問題は，臨床心理援助サービスをどの視点から行なうかという点である。臨床活動が専門職主導であるのか，当事者本位であるのか，という点が重要となる。

　どちらの発想に重きをおいて職場・組織で心理臨床を行なうかによっては，援助や支援の対象となる人々のニーズの満たされ方が違ってくる。

　今日では専門職主導よりは当事者本位のサービス提供が掲げられることが多くなったが，さらに踏み込んで，専門職か当事者かの二元論的な論議を超えて，ニーズ中心の発想，ニーズに基づくサービス援助に重きを置く臨床心理援助サービスへと移行しつつある。サービスの基本は「ニーズ」への対応であり，換言すれば，消費者中心主義（consumerism）（冨安，1995）に端を発する，当事者（利用者）と環境との相互作用の質的な満足度につながるかかわりを意味

する。そこでの専門職と当事者の関係は，専門職が判断し，その内容を押しつけるといった性質のものではなく，いわゆる心理指導ではなく心理支援へという発想の転換の上に成り立つのである。

　実際のサービス援助では，優先順位や段階も考え，当事者，専門家，親・保護者のニーズを正確に捉え，それらの調整と相互の接点の問題に対応するシステムが必要になる。「サービス利用のニーズは専門家ではなく当事者が一番よく知っている」というサービスに関するパラダイムの転換が心理職の中に生じなければならない。

　もう1つの心理臨床活動の問題として，働きかけの形態がある。先述したように，今日の臨床心理学的な知識・情報・技術に関して，伝統的な「待つ」機関中心のシステムではなく，予防的介入としての「出向く，地域に働きかける」システムが注目されている。コミュニティの心理臨床家は，waiting-mode（来談者がサービスを求めてくるのを受動的に待つ）から，seeking-mode（自分のほうから相手の生活の場に入れてもらい，そこで一緒に考え，援助する）への転換を図る必要がある（箕口，2011）。

　この臨床心理学的行為の内容は，第1に，問題が発生しないようあらかじめ予防対策をすることで，すべての人を対象にする第1次予防を行なうことである。第2は，心の支援で，これは障害や病気，悩みを抱え生活している人々の心の支えとなる活動である。第3は，社会的能力の向上で，これは，心の発達促進を助けたり，社会的能力を身につけるよう訓練活動に従事する活動である。第4は，心理的・社会的環境の調整で，問題を抱えた本人でなく，その人を囲む環境側にはたらきかけ，問題の解決を促進させる活動である（山本，2001）。

　このような心理職の介入は，心理的苦痛の単なる軽減というよりは，社会的有用さ（Social Competence）の強化を目標にする。つまり個人の弱い面の修復をめざすよりも，個人の強い側面，健康な側面を支え，強化していく姿勢である。これは「治療・修理モデル（問題や病気など，悪いところに焦点をあて，それを治療・修理するという考え方）」に基づく援助的介入から「成長促進モデル（発達課題を乗り越えるように援助することによって，個人の成長を図る）」及び「社会支援モデル（個人をとりまく支援システムを強化することによって問題の解決を図る）」に基づく援助的介入への発想の転換を迫るもので

あり，コミュニティ・アプローチを進めていくうえで，きわめて重要な視点になっている（山本，1986．箕口，2011）。

第3節　心理臨床の考え方

3-1　個に焦点をあてた地域援助

　援助や支援を提供する専門職は，時として「正常－異常」，「出来る－出来ない」「良い－悪い」などの二元論的思考に囚われてしまうことがある。それは問題の解決を急ぎ，早急な答えを求める安易さと"臨床の事実や現象から学ぶ"という専門職としての基本的な態度から離れることによって生じる。反対に当事者がなぜそのようになっているのか，そうなっているには背景と理由があると問い直しをすることが，援助を必要とする者を見失うことなく当事者に向き合うことを意味する。

　地域における臨床活動では，より当事者に近いところで専門性を発揮することが求められる。では心理職が地域やコミュニティに入り援助活動をするとき，留意しなければならないのはどのようなことだろうか。

　たとえば，筆者が心理職の地域支援の研究として実施した放課後対策事業従事者の意識調査において，事業従事者の意識は児童や家族とのかかわりにおいて地域社会（学区レベル）のもつ，まちの雰囲気，文化風土といったことに強く影響を受けていることが確かめられており，心理的援助が地域に根づくには，こうした地域文化，地域風土を考慮することが必要である（舩越，2008）。

　現在のところ，わが国の公的サービスは，個人に焦点をあてたサービスシステムとして構築されていない。むしろ個人よりも集団に焦点をあてた，専門家主導によるサービスシステムである。

　たとえば，保健分野では，疾患を発生しやすい高いリスクをもった人を対象に絞り込んで対処していく方法ではなく，その背後にある多くの潜在的なリスクを抱えた人たちに向けた集団全体へアプローチ（ポピュレーション・アプローチ）によって，全体としてリスクを下げていこうという考え方をとる。

　わが国において不足しているのは，個別ニーズに対応するサービスシステムである。それは保健分野の母子保健（乳幼児健診未受診，若年出産，超低体重

児など)だけではなく，子育て支援(マルトリートメント，発達の遅れ，養育困難，親学習など)，特別な教育的ニーズ(長期欠席，ひきこもり，いじめ，非行など)，社会的支援(貧困，自殺，依存症，ニート，犯罪被害者など)においても同様である。それだけに相談援助サービスを利用する手立てが生活の場の身近にあって，訪問形態のような個のニーズに焦点をあてた地域システムの必要性が増している。

心理職が地域で主に活動する場所は，医療機関，療育施設，保健所，保育所，幼稚園，学校，教育相談，放課後対策事業，子育て支援センター，乳児院，児童養護施設といった場である。ここで心理職に求められるのは，心理職が地域に向かい，当事者に近いところで地域に根ざした活動を行なうことであり，個に焦点をあてた援助である。

3-2 心理職を支える考え方

そこで次に，心理職が地域で仕事を行なう際に必要な概念として，「生物-心理-社会モデル」「ブロンフェンブレナーの生態学的システム論」「エコロジカル・アプローチ」「専門職のコミュニティ感覚と当事者の心理的コミュニティ感覚」について説明する。

〈生物-心理-社会モデル〉

多様化し複雑化した心の問題に対して，単一の専門領域での対応に限界があることは多くの専門家が指摘するところである。そこで登場したのは，ひとをより全体的に，重層的に，包括的に捉えて問題に向かうという考え方である。

この生物-心理-社会モデル(bio-psycho-social)は，医師，カウンセラー(セラピスト)，ソーシャルワーカーらの連携によって，クライエントを包括的に支援するアプローチである。

これは単にメンタルヘルスの領域のみを対象としたものではなく，病気と健康をテーマとする領域全体を対象としている。医療領域においては，長期間にわたって疾病の生物医学モデルが支配的であったが，生物医学モデルの偏りや限界を指摘し，それに替わるものとして提案されたモデルである(下山，2010)。

図1-1は，生物−心理−社会モデルによって，問題行動・障害・病いに対応する，職域の特徴と心理職がかかわる領域を示している。
① バイオロジーとは，主な担当者が精神科医，各専門医で精神疾患の診断，経過観察，投薬，提案指示などを指す。
② サイコロジーとは，主な担当者がカウンセラー（セラピスト）で，本人及び家族の心理的サポート，トラウマ・アプローチ，人間関係に関するサポート，心理ワークの提供などを指す。
③ ソーシャルとは，主な担当者がソーシャルワーカー，サイコ・ソーシャルワーカー，その他で，社会復帰に向けてのサポート，本人及び家族への社会所属感覚と相互援助に関してのサポート，デイケア，自助グループなどを指す。

このアプローチでは，クライエントの置かれている困難な状況は，こうした生理的・身体的要因，精神的・心理的要因，社会環境的要因が独立したものでなく相互に関連し合い複合的に作用し合って困難な状況をもたらしていると捉える。多様な要因が絡み合って病気や不健康な状態が成立すると見るのが〈生物−心理−社会モデル〉である。

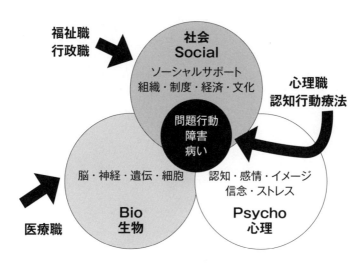

図1-1　生物−心理−社会モデル（下山，2010）

今日では，エビデンスに基づく研究の結果として医学を含む生物学，心理学，さらには社会（福祉）学が協力して問題をアセスメントし介入していくことの重要性が指摘されている。

　心理職が地域の中で適切に専門的役割を果たすためには，臨床心理学に限らない心理学全般の知識，医学や保健・社会福祉などの幅広い専門知識，そして他の専門職と協働できる専門職としての社会性が必要となっている。

〈生態学的システム論〉

　ブロンフェンブレナー（U. Bronfenbrenner, 1979）は，K. レビン（K. Lewin, 1935. 1951）の生活環境や心理学的場の概念に影響を受けて，人間発達における人と環境との相互影響性，生態学的環境の観点から子どもの発達における入れ子構造を提示した。その構造を，ミクロ，メゾ，エクソ，マクロシステムと呼んだ。これは「人間発達の生態学は，積極的で成長しつつある人間とそうした発達しつつある人間が生活している直接的な行動場面の変わりつつある特性との間の漸進な相互調整についての科学的研究で，この過程は，これらの行動場面間の関係によって影響を受ける」とする定義（1979. 1996）からつくり上げられたものである。

　生態学的環境は，ロシア人形（マトリョーシカ）のような入れ子構造のようになっていて，1番内部にあるレベル（ミクロ）は，発達しつつある人を直接包み込んでいる行動場面（セッティング），2番目のレベル（メゾ）は，個々の行動場面を切り離して見るのではなく，いくつかの行動場面間の相互関係を見ること，3番目のレベル（エクソ）は，その人が直接居合わせていない行動場面で生起する出来事によっても，著しい影響を受けることがあるという仮説に基づいている（Bronfenbrenner, 1996. 高畠，2011）。

　以下，ミクロ・メゾ・エクソ・マクロシステムを整理する。

(1)　ミクロシステムは，特有の物理的，実質的特徴をもっている具体的な行動場面において，発達しつつある人が経験する活動，役割，対人関係のパターンである。行動場面とは，人々が対面的相互作用を容易に行なうことのできる場所で，家庭，保育所，遊び場など，個人が直接的で対面的な相互作用を

もっている環境をいう。活動，役割，対人関係といった要因は，ミクロシステムを構成する素材である。経験は，客観的特徴だけでなく，その環境にいる人々がそれらの特徴をいかに知覚するのかといった側面を含んでいる。

(2) メゾシステムは，発達しつつある人が積極的に参加している2つ以上の行動場面間の相互関係からなる（子どもにとっては，家庭と学校と近所の遊び仲間との間にある関係であり，大人にとっては，家族と職場と社会活動との間にある関係）。

メゾシステムは，個人が直接参加している複数のミクロシステム間の結びつきのシステムである。発達しつつある人が新しい行動場面に入るときはいつでも，メゾシステムが形成され拡大される。

たとえば，家庭－学校，病院－患者の家庭，母親の家庭－父親の家庭など，メゾシステムは，ミロシステムの間の相互関係として概念化される。子どもの発達は，家庭だけではなく，学校や仲間の相互関係の中で展開されると見なすことができる。

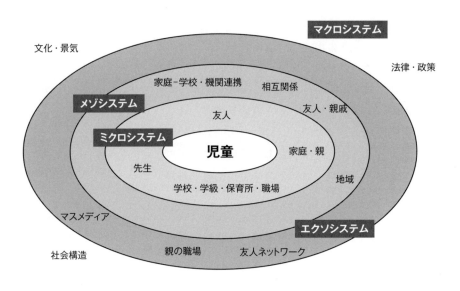

図1-2　生態学的アプローチ

(3) エクソシステムは，発達しつつある人を積極的な参加者として含めていないが，発達しつつある人を含む行動場面で影響を及ぼしたり，あるいは及ぼされるような，いくつかの行動場面である。個人と個人のミクロレベルやメゾレベルのシステムに影響を及ぼすが，個人は自分自身と直接的な経緯をもたないシステムのことで，たとえば幼い子どもの両親の職場，きょうだいの通う学級，両親の友人ネットワーク，地域の教育委員会が含まれる。

　エクソシステムは，個人と個人のミクロレベルやメゾレベルに影響を及ぼすが，個人は自分自身と直接的な経緯をもたないシステムなど二次的な環境要因をいう。

(4) マクロとは，下位文化や文化全体のレベルで存在している。個人と個人のミクロ・メゾ・エクソレベルのシステムが機能しているような，さらに大きな信念体系やイデオロギーに対応するものである。たとえば，労働市場，景気，文化，政治など優勢なイデオロギーや社会構造を決定する大きなスケールの環境である。

〈エコロジカル・アプローチ〉

　ソーシャルワークの中で人と環境との「開かれた」相互作用，人と環境との適合性の視点は，ジャーメイン（Germain, 1980. 1996）らが体系化した「ライフ・モデル（Life model）」がある。エコロジカル・アプローチでは，人間と環境との相互関係を重視し，人と環境が織りなす現実的な生活に焦点をあて，その日常的な営みとその生活困難性に注目する。生活の中で生起する「ライフ・イベント」，そこから派生する「生活ストレス」，ストレスへの主体的な「対処」，これらの連鎖・循環の全体を援助者が理解していくことから援助がはじめられる。

　ジャーメインらは，問題を構成する「生活ストレス」について，①生活過程の変化と心的外傷をもたらす出来事，②環境の圧力，③対人関係の中のストレス，の3つの領域に区分して捉えている。

　ここで重要なのは，クライエントを環境と切り離した個人としてではなく，家族や地域社会の一員として捉え，生活上の諸問題を環境との関係上の所産として把握しようとするところである。そして，このような生活問題の把握の仕

方に基づき介入の焦点をクライエントと環境との間のインターフェイス（接触面）に向けるのである（谷口，2003）。

〈専門職と当事者のコミュニティ感覚〉
　臨床心理と地域とのつながりについては，「コミュニティ感覚（psychological sense of community）」を理解することが重要である。コミュニティ感覚の概念を確立したのは，社会学者のサラソン（Sarason, 1974）である。それは，次の4つからなる。

① 他者との類似性の認知：自分は相手とそれほど違わない，似ているという感覚
② 他者との相互依存関係の承認：お互いに相互を尊重し，相手に依存しているという感覚
③ 他者が期待するものを与えたり，自分が期待するものを他者から得たりして，相互依存関係を積極的に維持しようとする感覚
④ 自分はある大きな，依存可能な安定した構造の一部であるという感覚

　この定義の根底には，健康的なコミュニティでは，個人を超えた情動的なつながりが，コミュニティの集団生活を形づくっているというサラソンの信念があり，現在のコミュニティ心理学にも普遍的なものといえる（笹尾，2007．高畠，2011）。
　他方，当事者のコミュニティ感覚に関してコミュニティ・インクルージョンを実現するための専門職の認識として重要な指摘がある。米国における障害者のコミュニティ・インクルージョンにおいて，障害者サービスのシステムが1つの制度になったとき，コミュニティで障害者とかかわる人々は専門職と行政に携わる官僚に限られ，本当の人間のホスピタリティ（慈しみの心や自然な支援）が専門的官僚的世界にとって代わり障害者を取り巻く連合の世界ではなくなるという認識に立つことである（Schwartz, 1992．冨安，1995）。
　では障害者の周りに連合の世界をいかにつくっていくのか（Sarason, 1977）。それは，当事者がコミュニティ感覚をもつことである。それは障害者自身のコ

ミュニティの一員であるという確信となり，コミュニティの人々に対する慈しみの気持ちをもつことを意味する。シュワルツ（Schwartz）は，そこにある専門職の限界性を指摘し，唯一できることは障害者の周りに連合の世界を築くこと，そのためには仲間の個人教授（peer-tutoring），相棒（peer-buddy），友人の輪（circle of friends）の存在がそれにあたるとした（冨安，1995）。

地域における心理職には，このようなコミュニティにおける専門職の姿勢とコミュニティ・インクルージョンの理解が非常に大切なことといえる。

第4節　コンサルテーション

4-1　コンサルテーションとは何か

キャプラン（Caplan, 1970）が，建国当初のイスラエルで精神科医がほとんどいなかった状況下で，さまざまな施設・キャンプでの経験を通じてコンサルテーションの重要性に気づいたのは，人的にも時間的にも限られた条件の中では，時間を医師の診察に費やすよりも，クライエントである子どもと多くを接している施設のスタッフ（保母や看護婦）がどのように子どもを理解したらよいか，現状での扱い方，適切な対処についてじっくり話し合う援助サービスが効果的で大切であるということであった（山本，1986）。

ここには，クライエントの心理社会的問題の解決は心理や精神保健の専門家ひとりによって行なわれる（専門家中心主義）のではなく，クライエントを取り巻くコミュニティの人びとと心理や精神保健の専門家の連携と協働によって行なわれるコミュニティ中心主義という発想がある（Korchin, 1973. Orford, 1992. Caplan, 1999. 箕口，2004. 2011）。

わが国において，これまで一部の社会化された心理職を除いては，相談機関に身を置く多くの心理職は，来談する相談者と直接に面談し，心理査定，心理療法，カウンセリングなどの関係性の中で事例とかかわり合ってきた。しかし，その活動は，以前から指摘されてきたように生活者としての相談当事者に寄り添うという意味での地域臨床活動の視点に立つものではなかった。今日の複雑で多様化する地域社会において発現する災害，事件，事故への専門的活動では，ますます，近隣関係の自然な支え合いや人間関係の絆の回復が再認識され，専

門機関につながるまでに、生活により身近なところでの相談支援の重要性が社会的意味を帯びてきている。

　その意味で、コンサルテーションの方法を確立させたキャプラン（Caplan, 1961）は、専門家中心の発想を地域主体の発想に目を向けたという意味で、今日の心理職が力を注ぐべき方向性を提示したといえる。
「コンサルテーションは、2人の専門職、一方をコンサルタント（consultant）と呼び、他方をコンサルティ（consultee）と呼ぶ、相互作用の1つの過程である。そしてコンサルタントがコンサルティに対して、コンサルティの抱えているクライエントの精神衛生に関係した特定の問題をコンサルティの仕事の中で援助する関係をいう」（Caplan, 1961. 山本, 1967）

　ここでいう2人の専門職は、コンサルタントのほうは、精神医学、臨床心理学、社会福祉の専門職を指すが、コンサルティのほうは、いわゆる地域社会のキーパーソンを指し、他の職域の教師、保健師、看護師、開業医、民生委員、保護司、地域のリーダーなど、地域社会で活躍している専門職である（山本, 1978）。

　コンサルテーションは、もともと相談、協議、診察などの意味をもった言葉で、コミュニティ心理学の中で重要なコンセプトとして用いられるときは、「クライエント（client）」と「コンサルティ（consultee）」と「コンサルタント（consultant）」の三者関係の中で起こる相談のプロセスである（高畠, 2011）。

　オーフォード（Orford, 1992）は、コンサルテーションを次のように定義している。

　コンサルテーションとは、他者（クライエント）に対してサービスを提供する責任を負う個人（コンサルティ）が、彼または彼女のクライエントにより良いサービスを提供するための助けとなるような、特定の専門知識をもつことで他の者（コンサルタント）に、自発的に相談をする過程である（山本, 1997）。

4-2　コンサルテーション関係の基本特性

　コンサルテーション関係のもつ基本的特徴を、以下の4点にまとめることができる（山本, 1986. 2000）。

① **専門領域の人々との間で行なわれる対等な援助関係**：コンサルタントとコンサルティは自由な意思に基づく契約関係で結ばれており，命令されたり強制されたりする関係ではない。コンサルテーション関係の始まりは，コンサルティがコンサルタントの力量を認めて，自分の抱えている問題解決に役立ちそうだと判断し，コンサルタントも何らかの援助ができると判断して，両者の判断が一致した時である。領域を同じくする経験を積んだ者とそうでない者との上下関係，すなわちスーパービジョン関係とは，まったく異なる関係である。

② **始まりと終わりがはっきりしている関係**：心理療法は，ある意味ではエンドレスな治療関係になることが少なくないが，コンサルテーション関係では，どれだけの期間で何をするのかという契約，すなわちインフォームド・コンセントが成立しているので，始まりと終わりがはっきりしている。また，クライエントに対しては，コンサルティが責任をもつため，コンサルタントとコンサルティは一定の距離をもった専門家の関係である。

③ **組織内のコンサルティと組織外のコンサルタントとの関係**：同一の組織に属していると，職制や立場によって対等な関係でのコンサルテーション契約が成り立たない。また指摘されたことを現実に実行しなければならないという枷を負うことにもなりかねない。コンサルティはあくまでも，クライエントのために責任を果たすのであって，組織のために働くのではない。

④ **クライエントの問題中心で成り立つ関係**：コンサルテーションの中では，時としてコンサルティの抱えている個人的な問題や心理的葛藤が明らかになることもあるが，コンサルタントはそこに焦点をあてず，問題解決に向けて相談，協議することに徹する必要がある。もしプライベートな問題に触れる必要があれば，別の専門家を紹介するほうが得策といえる。

　専門職は，コンサルティの自主的な動きを尊重し，任せることができないとコンサルタントになれない。すぐに背負い込んだり，抱え込んだりするのでは，コンサルテーション関係は維持できない（山本，1986）。

　と同時に，コンサルタントは常に，相手の専門性を尊重し，相手のもつ強みやコンピテンスを引き出して問題解決に活用できるように援助することが何よりも重要となる（高畠，2011）。

4-3 コンサルテーションの種類

コンサルテーションについて，キャプラン（1970）は，次の4つをあげている。

①クライエント中心のケース・コンサルテーション

これはコンサルタントも，コンサルティの抱えるクライエントに対して，ともに異なった領域の専門家として会うという過程を含んでおり，そのうえでコンサルティに専門家としての意見と助言を与える場合である。コンサルタントもコンサルティも共にクライエントにケース責任を負いながらコンサルテーション関係を続ける場合である。

②コンサルティ中心のケース・コンサルテーション

これはコンサルテーションの中で最も中心的な活動である。この場合では，コンサルティが自分の抱えているケースをどうしたらよいか，自分のクライエントをいかに理解したら良いか，どう働きかけるのが良いかという課題に対してコンサルテーションを行なう。コンサルタントはコンサルティに対しかかわりをもつのであって，クライエントに直接責任を負うことはない。専門家としてコンサルティを尊重し，専門家の「よろい」をはぐことはなく，コンサルティの専門性をより強化する形で援助する。

③対策中心の管理的コンサルテーション

これは個々のクライエントにコンサルティがより効果的に対応できるようにすることよりも，対策それ自体に関与するコンサルテーションである。

クライエントに対応するときに生じる，コンサルティの側がもつ困難さがどういうものであるか，さらに，その困難さをどのようにして改善するかに焦点があてられる。コンサルティが抱えている組織管理上及び活動計画の困難に対し，自らもデータの収集と査定を行ない，研究計画，専門家スタッフを組織化すること，地域社会の他の資源に関する情報提供などコンサルタントとして専門的な立場から援助する。

④コンサルティ中心の管理的コンサルテーション

これは，コンサルティ自身が焦点になり，コンサルティが抱えている組織管理上の対策や活動計画で困ったとき，壁につきあたったとき，コンサルタント

が一緒に考えながらコンサルティが効果的なプログラムを立てられること，活動の妨げとなっているコンサルティ側の問題や欠点を明らかにし改善することである。

　キャプランは，このように4つの型にコンサルテーションを分類しているが，実際の臨床活動では，コンサルテーションでは，①と②が組み合わされることが多く，③と④の管理的コンサルテーションのような関係は，いわゆるスーパーバイザーで行なう場合に多いといえる（山本，1986）。

4-4　コンサルタントの姿勢

　地域精神衛生やコミュニティ心理学の基本姿勢には，①個人の精神衛生だけでなく，マスの精神衛生を目標とする。②治療という考え方に対して，予防を中心に考え，そこには，健康増進つまり地域社会の精神衛生問題への対処能力増大を目標とする。③最も大切な姿勢として，これまで援助を必要とする人への責任が専門家中心主義であったことが，地域社会の人々とともに支えていこうという地域社会中心主義の発想をもっている。

　コンサルテーション活動の意義は，次のようである（山本，1986）。

① コンサルティ（コンサルテーションを受ける人）の責任制の明確化，コンサルタントがコンサルティの働いている現場に訪問することも，暗黙の中に問題となっているクライエントに対する責任を中心に負っているのはコンサルティであると伝える。
② コンサルティが自分のクライエントに対し，具体的により効果的に対処できるように支援する。その際，コンサルティ本人の理解と対処だけではなく，本人の属する組織のまわりの人々の力を巻きこんだり，外の関係機関という社会資源を活用したりできるようにすることも入っている。
③ コンサルティ自身が専門家に自分のクライエントを修理工場に入れてしまうようにあずけるのではなく，専門家の支援のもとに取り組んでみてはじめてさまざまな体験をすることができる。その体験はコンサルティ自身の成長につながるものである。見方をかえれば，これまでは，専門家だけがクライ

エントとの関係を体験し学習していたが，これからは専門家が地域社会のキーパーソンとして共に学ぼうという基本姿勢といえる。

そして，このような地域精神衛生やコミュニティ心理学の基本的姿勢を十分身につけないで，単なる技術としてのコンサルテーションを考えていては，その本質を見失うのである（山本，1986）。

第5節　アウトリーチ

5-1　アウトリーチとは何か

アウトリーチ（outreach）は，地域におけるソーシャルワーク活動あるいは福祉サービスの提供が重視されるようになり，ソーシャルワークや福祉サービスの一般的実施方法として広がってきた概念である。社会福祉学では，リーチングアウト／リーチアウト（reach〔ing〕out）が一般化したものと解されている。リーチングアウト／リーチアウトという用語は，接近困難な人（福祉サービスの利用に不安を感じていたり，否定的あるいは拒否的感情をもっており，ソーシャルワーカーがかかわることが困難な人）に対して，当事者からの要請がない場合でも積極的に出向いていき，信頼関係を構築したり，サービス利用の動機づけを行なう，あるいは直接サービスを提供するアプローチを指して使われている。

リーチングアウト／リーチアウトは，当事者に問題意識が低く援助を求めない場合や，さまざまな理由から援助を拒否している場合など，緊急的な対応を必要とされるケースにとられる介入活動を指す。今日では，児童虐待や生命の危機に及ぶ問題など，リーチアウトとして対応すべき範囲は広がっている。

臨床心理学でのアウトリーチは，巡回相談，訪問指導，研修・教育活動など地域援助の手法として用いられており，相談室において来談者を待つ対応から転じて，地域に出向く対応を指している。

5-2　アウトリーチの展開

2003年厚生労働省が「精神保健福祉の改革に向けた今後の対策の方向」（精神保健福祉対策本部中間報告）を発表し，地域ケアの充実のために，地域医療

及び各種生活支援を含めたアウトリーチプログラムACT（Assertive Community Treatment：包括型地域生活支援プログラム）のモデル事業の検討を開始した。

精神科医療でのアウトリーチ活動で診療報酬制度として位置づけられている精神科医・保健師・看護師・作業療法士等の保健医療スタッフと，精神保健福祉士等の福祉スタッフとが「多職種チーム」として，それぞれの技術及び価値観から多面的な視野のもとに協働して支援を行なうことがきわめて有効であるという考え方である。

精神疾患の症状は短時間に変化しうることから，状況を適確かつ迅速にアセスメントし，ただちに支援に反映できる必要があるとされている。

一方，地域福祉においては，サービスの利用歴もなく，サービスから孤立する人たちすべてへのアプローチをアウトリーチと称することもある（福山，2014）。2011年にアウトリーチ推進事業が開始された。そこでは，同じ対象者にアウトリーチケアを提供しても職種によって係る切り口は異なるとされ，多様な立場から，当事者の強さ，弱さ，家族システムをすり合わせていくことによって当事者や家族への支援が統合的，包括的に展開できるとした。

ソーシャルワークの領域では，かつてソーシャルワーカーは事務所で待つ人であった。ところが，現在では，アウトリーチという考え方が導入され，地域福祉や精神科医療だけでなく，援助を必要としている人々に手を差し伸べるという意味で，それぞれ対象とされる人々のところに出向いていくことも重要な援助とされている。しかし，こちらからアウトリーチしようとしている人たちは接近困難な人たちとされ，支援のネットワークによる保護に抵抗を示す傾向もある。

アウトリーチを行なうためのスキルについては，次のような支援の特性がある（Goldstein&Noonan, 1998．春木，2014）。

① 援助過程での感情と取り組むこと
② 介入過程や活用できる選択肢についての情報提供
③ 動機づけを高めること
④ 援助者の自己活用

⑤　ストレングスの協調
⑥　自信と自尊心の構築
⑦　環境レベルの介入
⑧　ケースマネージメント
⑨　付加サービスの活用
⑩　共感と対決や限界との均衡の保持

　これらの特性を理解して対処する技術を習得することによって，当事者をエンパワーし，取り組み能力を促進することが可能になる（春木，2014）。
　アウトリーチはソーシャルワーク活動を基盤として発展してきた経緯がある。今日の複雑な困難事例については，心理職も含めたチームアプローチが必要となり積極的な臨床心理学的地域援助に取り組む必要がある。

5-3　相談援助におけるアウトリーチ

　阪神・淡路大震災（1995）及び東日本大震災（2011）の経験において，スクールカウンセラーをはじめ，臨床心理士による被災者への心のケアは，さまざまな支援活動として行なわれた。これらの諸活動は，「社会からの要請に応えるとともに，従来の密室における座して待つというカウンセリングからプログレッシブに活動するカウンセリングへ，というパラダイム・シフトを起こし，インドアからアウトリーチへのコンセプトチェンジを生んだ」といえる（山本，2001）。
　つまり，常に変化する社会とつながり，自ら動きながら人の心の問題にかかわる心理職が増えることによって，当事者を生活の場の中で捉え，現実世界で人々を支える意味が明らかになったといえる。他方，このような援助を通して専門家が当事者の生活に近くなることに関して問題も指摘されている。「アウトリーチ」という言葉が，多くの場合，単純に訪問や往診と同一視され，相手のところに行くというだけの意味に解されていることへの懸念である。社会福祉の専門用語としてのアウトリーチには，「ケース発見から社会資源やサービスに連結させていく過程を扱う総論的なケアマネジメントの過程」というマネジメント機能を含めて使用すべきとの意見もある（高木，2011）。

「アウトリーチは，人が生活する場所に専門家が押しかけていくので，人間の副作用はいったん生じたら重大になりやすいこと，ケアされるという体験は，つねにどこかで屈辱に似た感覚を含んでおり，これは援助者には忘れられやすい」との指摘もある（高木，2011）。

また，子ども虐待におけるアウトリーチに関して，子育て支援として予防的援助（アウトリーチ）を行なう場合は，危機介入を含めた地域社会のリソースに関する知識や他の多様な組織とのネットワークを組む能力が必要最低限求められる。子ども虐待のアウトリーチは，援助を求めない養育者への介入が大部分を占めるため，クライエントが援助を求めてから介入してきた既存の危機介入とは対象とする射程が違っている。そしてアウトリーチでは，カウンセラー（援助者）自体が後ろ盾にしてきた面接室内での援助構造，カウンセラー（援助者）を守る枠を1つ抜きでた，生身の対応が問題になるといえる（高岡，2013）。

5-4 アウトリーチとネットワークの課題

地域へのアウトリーチは，心理職単独ではむずかしく，必ず地域の社会資源とのネットワークや多機関多職種とのチームワークに拠らなければ成立しない。

もともとネットワークは，家族，親族，近隣，知人・友人などの人間関係や公共機能をもつ組織，自治体，商店会の組織・団体などの連携関係によって展開される組織活動全般を指す。また上下・主従関係にたとえられる官僚的組織に対し，対等な関係とゆるやかで可変的で，しなやかなつながりによってともに活動することが目標になる。

しかし，医療保健や児童福祉，障害福祉，教育などの領域によっては心理職が担うアウトリーチの機会に違いがあり，地域への関与の機会が多い行政機関の心理職は地域ネットワークに強く関与するため，比較的アウトリーチの機会はあるといえる。しかしACTなどのアプローチにかかわる地域精神保健や学校のソーシャルワーカーや訪問看護の看護師に比べて，児童福祉，障害福祉，教育領域での心理職によるアウトリーチは，実践的な取り組みが少ないのが現状である。

そのため，地域支援としてのアウトリーチは，いかに実際の問題解決につな

がるのかという認識が根底になければならない。その点，これまで心理職には訪問活動における「治療構造」へのこだわりがあり，地域のネットワークと組んで行なう問題解決への姿勢が弱いと言わざるを得ない。そして，臨床で知り得た情報の守秘義務へのスタンスも往々にして他領域の専門職からは閉鎖的で保身的と見なされがちといえる。

少なくとも心理職の臨床業務が問題解決に向かうときには，多機関多職種が連携し相互関係の中で社会的責任を果たすという意識がなくてはならない。しかし一部の訪問を行なうチームに関与する心理職は，組織的な連携・協働作業を通じたマネジメントが不得手のように思われる。心理職は，専門職という名のビューロクラシー（官僚主義）を乗り越えて，囲い込む心理職という印象から脱却することが望まれる。

たとえば，保育の支援では，保育者へのコンサルテーションを進めていくための幅広い専門知識と実践，地域の専門機関と連携していくネットワーク，保育者との協働関係を構築していくうえで気をつけるべき5つの配慮点（①権力関係にならない，②問題ばかりをつくりださない，③守秘義務，④日常に開くこと，⑤外部者性を大事にする）がある（岸野，2008）。

この中で岸野は，心理職が保育現場の「日常に開く」ことを指摘している。心理臨床の領域ではとりわけ面接室での1対1の関係が重視されるが，幼稚園や保育所では面接室でカウンセラーが待っているだけでは相談者はかなり限られてしまう。そのため毎日の送り迎えや保護者の保育参観，行事といった機会に積極的に保護者に接し，臨機応変に相談に応じることが求められ，「枠にとらわれすぎずに御用聞きにまわったり，保護者のネットワークを敏感に察知したりしておくことが必要」と述べている。このことはすべての多職種との協働においても不可欠な心理職の本質的課題を表している。

第6節　援助と支援の関係

6-1　ニーズとは何か

ここでは，心理職が相談援助を行なっていくために理解しておくべき，いくつかの視点を検討する。そのどれもが地域で対人援助や支援を進める心理職に

とって欠かすことができないものであり，臨床の実際に携わるうえで基本となる。

対人援助や支援は，「ニーズのあるところから始まる」ことが原則であるように，ニーズとは何かを理解することから始めたい。ニーズについて理解することは心理職がサービスを誰に対してどのように提供するのかを考える際の鍵となる。

ニーズという言葉は，通常，医療・保健・福祉等の対人援助サービスの中で多く用いられている。それだけに使う人やその専門性や立場によって背景も異なり言葉の使われ方や意味するところに曖昧さも含まれる。そもそもニーズという言葉は，当事者にとって意味あるものを指し，その必要性と希少性に特徴がある。そして特別なニーズとは，当事者本人と環境との相互作用から生じた取り組むべき問題と見なすことができる。

特別なニーズは，当事者に常について回るものでなく，当事者の置かれた環境によってニーズの生じ方も変化する。ニーズの要素を整理したものが図1-3である。つまり，①当事者（家族，関係者を含む）自身から発するニーズ，②見立てとして必要とする専門職からのニーズ，③当事者と環境との相互関係で生じるシステムの中におけるニーズ，の3つが考えられる（図1-3）。この個人または組織のニーズに対しては，常にサービス提供に際して最適化が図られ，さまざまな対人援助サービスは，ニーズを基盤とするアプローチとして展開されている。ニーズを基盤とするアプローチ（needs based approach）とは，サービス提供者の論理を優先するのではなく，ニーズのあるところに焦点をあててサービスを提供することを意味している。

そして援助サービスの最適化は，3つのニーズのバランスの上に成り立つものであり，これらのニーズに対して，援助システムの中で機能するように調整される。同時に特別なニーズをもつ人のアドボケイト（擁護）を中心に据えたアプローチが必要になる。

6-2　援助と支援

これまで述べてきたように心理職の臨床活動は，心理実践，心理臨床，心理的援助として表現されている。最近のトレンドは，心理支援という言葉である。

臨床心理学を専門とする者が社会の中で活動する機会が増し，相談ニーズに対応する状況が多様になることによって，そこで用いられる言葉にも変化が見られる。それは従来のキュア（治療）としての援助とは異なる支援の視点である。

　この援助と支援の視点の違いは，それを用いる専門職の依拠する学際的な背景やパラダイムによって異なる。たとえば「対人援助」「援助関係」という表現は，対人援助サービスにおいて専門職が行なう働きかけとして多用されてきた。今日では，これらの言葉の用いられ方の中に，「支援関係」など援助を支援と置き換えることや双方を共存させた使い方が見られる。

　広辞苑第六版（2008年）によると，「援助とは，たすけること。助勢」「支援とは，ささえ助けること。援助すること」と解説されている。

　いずれも「困っている状況，問題への援け」として同じ意味の言葉であるが，これまで臨床心理や社会福祉の分野では専門的な技法を提供するという意味で"援助"が用いられており，どちらの分野においても，援助関係の中でクライエント自身が自分の問題を解決していくために取り組むことを意味している。

　しかし，2000年代に入り臨床心理学や社会福祉学の傾向として，当事者視点

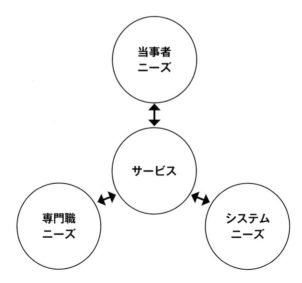

図1-3　3つのニーズとサービスの関係

から心理援助より心理支援，援助関係より支援関係という表現が用いられようになっている。この「援助と支援」に関して，わが国の福祉分野でどのように取り扱われてきたのかを厚生労働白書（旧厚生白書）を通じて見ると，国際障害者年の厚生白書（1981）には「障害者の生活を社会全体として"援助"していくことが必要である」と書かれてあり，それ以前には障害者福祉で"支援"という言葉は用いられていない。

　わが国で1990年以前の福祉政策や計画方針には「支援」の言葉は見られず，本格的に厚生白書の中で「支援」の言葉が用いられるのは，1990年に「子育て支援」という言葉が子育て政策として登場する1990年代に入ってからである。その後2000年を境として，福祉政策全般において「支援」が多用されるようになるが，これはわが国における社会福祉基礎構造改革の実施（2001）に伴う政策転換の流れと一致する。1998年の児童福祉法の一部改正，2000年の児童虐待の防止等に関する法律施行など，ことに2001年以降，子育て施策の社会化や障害者施策の自立支援の方針が強く打ち出される中で，支援の言葉は一般化するようになった。

　この援助と支援の言葉の用いられ方は，時代とともに臨床心理学の領域においても変化してきた。日本臨床心理士会が発行する臨床心理士会会報及び日本臨床心理士会雑誌で取り上げられてきた内容を見ると，2000年・2001年では，社会的問題となった高齢者支援，被害者支援，子育て支援における心理職の役割と援助が検討されている。この時期の特徴は，それぞれの支援活動における心理職の援助という意味合いが強く，個人臨床を離れて社会の中の問題に対して専門職として心理職がかかわりをもち，どのような役割を果たすかが実践を踏まえて論議されている。そこでは心理療法は専門職からクライエントへの援助を指し，それ以外の心理諸活動は当事者への支援として見なされ始めている。

　同時に臨床心理学の専門誌で取り上げられるテーマは，さまざまな法律の施行や改正（児童虐待，発達障害，障害者自立支援，児童福祉法一部改正等）に伴う心理職の職務拡大に応じるように，心理業務に直結するテーマが当事者支援の視点から取り上げられるようになっている。ことに心理職が地域支援や生活支援にかかわることに伴う多職種との連携について，当事者ニーズを中心とする支援の視点が専門職の援助活動の新たな姿勢を生み出している。この傾向

は2010年代に入って加速し，日本臨床心理士会雑誌Vol.23（2015）では，「心理支援へのニーズと期待」の特集が組まれている。

6-3 援助の定義

現在のところ援助について，「困っている他者のことに配慮し，他者が期待する，得て喜ぶような恩恵を，何らかの自己犠牲を覚悟して，人から命令されたためでなく自由意思から提供することである（最新心理学事典2013）」とあり，また「人間の内面的成長の過程（自己探索－自己理解－行動化）を促進し，助けることである。（カウンセリング大辞典2004）」などとして概念づけされている。対人援助職の援助について，「他者のかかわりによって時と場所を超えて，苦しみを和らげ，軽くし，なくすこと」との理解もある（村田，1998）。

対人援助職の専門性には科学技術を用いるキュア（治療）と関係性の力を用いるケア（世話・介助）の2つがある。キュアは医療から発したものであるが，心理職による援助も，心理療法としてキュア（治療）から出発した。そのために心理職の援助は，さまざまな臨床心理学的技法を用いてクライエントの客観的状況を変えることであり，伝統的な個別臨床のスタイルがこれにあたる。もう1つのケア（世話・介助）の姿は，看護や社会福祉の原点にあたるものである。これらは共に多職種と連携して生きる力の回復につながるものであり生活の場での臨床スタイルである。これまで心理職の臨床活動にはキュアという意味で援助が色濃く使われてきたが，心理職がケアの分野での活動が増すに従い援助よりも支援が使われるようになっている。

このように心理職業務（心理面接，心理アセスメント，心理地域援助）は，キュアを基本としつつも，今日では施設等におけるケアにも心理職の役割が拡大し，多職種との連携と協働が進むことによって心理職の臨床活動も援助から支援へと言葉が多く使われるようになっている。特に自立支援を求める社会的養護や障害福祉分野の施設ケアをはじめ特別支援教育分野における心理職の援助のあり方は，当事者の観点を尊重するようになっている。

6-4 支援の定義

支援については，今田（2000）が，一般的な由来，定義，支援に要請される

条件などを支援学の中で明らかにしている。支援とは,「何らかの意図をもった他者の行為に対する働きかけであり,その意図を理解しつつ,行為の質を維持・改善する一連のアクションのことをいい,最終的に他者のエンパワーメントをはかること」である。ここで用いられるエンパワーメントという言葉は,「行為の質の維持・改善を専門家に委ねるのではなく,知識や技術を獲得することで,自分で問題を解決する能力を身に付けること」を意味している。

　このエンパワーメント（Empowerment）の視点は,1980年代になって米国を中心に住民,患者,障害者などを対象とするソーシャルアクションとして用いられて発展し,地域,精神保健,福祉,保健,看護の領域で注目された考え方である。エンパワーメントとは,「人々や組織,コミュニティが自分たちの生活への統御を獲得する過程である（WHOオタワ憲章1986）」と定義される。

　また,「パワーレスな人たちが自分たちの生活への制御感を獲得し,自分たちが生活する範囲内での組織的,社会的構造に影響を与える過程（Segal, 1995）」である。

　要するに支援には,ケアとエンパワーメントが決定的に重要であり,大切なことは,専門職が相手の立場に立って自分を変えることが必要であるということ,支援したい,助けたいということを自己目的化してはならず,相手のニーズをきちんと汲み取る必要があるということである（脇田,2003）。

　これを,臨床心理学との関係で見ると,1988年に臨床心理士の資格認定が開始され1990年代に心理職の援助活動として,心理援助が,個人の援助とともにその人が生きている社会組織（システム）を介しての援助を重視するようになったこととも関係している。山下（2010）は,わが国における臨床心理学のアプローチについて,「治療」から「援助」モデルへの転換とユーザーである利用者の主体性やニーズが尊重されると指摘している。

　一方,岩間・原田（2012）は,ソーシャルワークでの用語の整理として,支援と援助の使い分けについて言及している。支援とは,「専門職と地域住民等のインフォーマルサポートの協議,もしくはインフォーマルサポートのみによる働きかけ」を指し,援助とは,「おおむね専門職のみによる専門性の高い援助,もしくはワーカー（専門職）側に焦点をあてたもので,ワーカーが主体的かつ責任をもって中心的に取り組む専門的働きかけ」を指すものとした。

これらを踏まえると臨床活動における専門職と当事者の関係が非対称性という意味において専門職である心理業務は援助である。そして同時に臨床活動の中で重視する当事者に向き合いエンパワーメントする専門職としての態度や姿勢は支援であるといえる。

第7節 地域の中の心理職

7-1 地域における援助と支援の関係

　援助する者と援助される者との対人関係は，援助業務を職業とする専門職の登場によって援助関係として捉えられてきた。ソーシャルワークの母と呼ばれるリッチモンド（M.Richmond）は，専門職との間で結ばれる援助関係に欠けるものを補うために友人関係（友愛訪問）を重要視した。臨床心理学では，ロジャース（C.Rogers）が，1930年代のソーシャルワークの機能主義派から影響を受けてクライエント中心療法を創始した。ロジャースは，当初，治療における援助関係と友人関係を区別する立場から始めたが，次第に両者を延長線上に位置づけるようになったといわれる（稲沢，2002）。

　このソーシャルワークと臨床心理学における臨床の援助関係と友人関係に関する1930年代の学際的な論議の歴史は，現代の対人援助サービスの援助論に大きな影響を与えている。

　1960年代の米国における公民権運動などのソーシャルアクションは，1970年代から1980年代にかけて精神保健分野と障害福祉分野における政策的な改革につながったことは先述したとおりである。1990年代に入り北米を中心に，障害者サービスの視点として「ニーズに応じたサービス提供からストレングス（強さ・勇気・長所・抵抗力）を生み出す支援」へとサービス観点が変化した。この時期，北米の障害をもつ人をはじめ特別なニーズのある人のコミュニティ・インクルージョンの実現にとって，ニーズを基盤とするアプローチは不可欠なものであった。対人援助サービスにおけるストレングスの強調は，その援助観として，心理的，身体的，社会的などのあらゆる側面にわたるいまだ活用されていない能力，当事者の保持するこれらの潜在的能力に焦点をあてるものである。

筆者は，ニューハンプシャー州の北米調査（1996）において州の担当者とのミーティングで，コミュニティにおけるサービス（援助）とサポート（支援）の違いについて説明を受けた。当時の北米における障害者サービスの展開を援助と支援の意味づけの違いから見ることは，その後，20年近い時を経たわが国における援助と支援の関係を考えるうえで参考になると思われる。

　まず，医療，保健，福祉，教育における専門職によるサービスは援助（Aid/Assist/Help：一般的な援助，補助，手助け）としてあり，他方で当事者，近隣関係，仲間，非専門職による関与は支援（Support）という整理の仕方である。地域の中で生活する障害当事者のニーズへの対応に際してサービスの選択肢の拡大は必要であるが，それとともにその限界性を乗り越える術として，コミュニティでの支援（近隣関係，仲間，非専門職による連帯など）による自然な支援関係（ナチュラル・サポート）が重要になるということである。

　障害をもつ人が地域のメンバーに認められ自分がコミュニティの一員として確信をもつためには，何よりも近隣関係，仲間，非専門職との連帯による慈しみ（ホスピタリティ）の支援関係をつくることが大切になる（冨安，1995）。

　このように専門職が行なうサービス（援助）と当事者の仲間や応援団が行なうサポート（支援）は違うかかわりであるとともに相互に補い合うという認識が専門職には必要である。この認識がなくてニーズに応えようと専門職が援助の観点だけでいると，かえって依存関係を押しつけることにもなり，当事者と近隣関係，仲間，非専門職との自然な支援関係を醸成することをむずかしくさせる。

7-2　地域文化に立脚したアプローチ

　このような援助と支援の関係の理解からは，心理職が専門職として，地域やコミュニティに関与するとき，幾つかの考慮すべきポイントがある。まず，当事者（本人・家族・関係者など）のニーズが専門的な知識や技能を必要としているときには，専門職の関与は当事者の問題解決につながるための具体的な情報提供と介入をすることが優先される。次に当事者のストレングスと問題解決能力を引き出すときには，エンパワーメントによる関与として黒子的な役割を果たすことが必要になる。専門職がニーズに対して一方的に専門性を発揮する

過程では，当事者の期待を高める結果，当事者の問題解決力を妨げて依存を導くことが起こりうる。

そのため専門職は，当事者との間で，①同じ目線でかかわること，②そのままを認めること，③加点主義の観点をもつこと，④当事者の主体性を尊重すること，⑤生きる力の支援をすること，⑥地域住民の出番をつくること，といったことに力を注ぐことになる。また地域の中で活動する心理職は，当事者と周囲の人たちが居住する地域文化への理解なくしては，適切な援助や支援ができない。それぞれの当事者が自らの抱える問題に対して専門職から得る有効な手立ては，専門職が当事者の文化的社会的な環境を考慮した中から生まれるため，心理職も地域文化や価値観を理解し，そこに立脚したアプローチが求められる。

7-3 心理と福祉の協働

2015年9月に成立した「公認心理師法」によると，公認心理師が行なう行為の定義として，保健医療，福祉，教育その他の分野において，心理学に関する専門的知識及び技術をもって，次に掲げる行為を行なうことを業とする者をいう。

① 心理に関する支援を要する者の心理状態を観察し，その結果を分析すること
② 心理に関する支援を要する者に対し，その心理に関する相談に応じ，助言，指導その他の援助を行なうこと
③ 心理に関する支援を要する者の関係者に対し，その相談に応じ，助言，指導その他の援助を行なうこと
④ 心の健康に関する知識の普及を図るための教育及び情報の提供を行なうこと

の4つがあげられている。

新たな法が整うことによって心理業務は，心理に関する支援を要する者への行為となり，心理職としての業務が当事者ニーズに応じた支援的な意味をもつといえる。心理職は国家資格となることによって，いま以上に専門性を明確にして心理的援助や支援を担うことになり，他の専門職との連携と協働を行なう

高い専門性が求められる。たとえば，社会福祉士（社会福祉士及び介護福祉士法：1987年5月）及び精神保健福祉士（精神保健福祉士法：1997年12月）との連携である。それぞれの専門職の業については，法の中で，

> 「社会福祉士とは，専門的知識及び技術をもって，身体上もしくは精神上の障害があること又は環境上の理由により日常生活を営むのに支障がある者の福祉に関する相談に応じ，助言，指導，福祉サービスを提供する者又は医師その他の保健医療サービスを提供する者その他の関係者（福祉サービス関係者等）との連絡及び調整その他の援助を行なうこと（相談援助）を業とする者」

と定義されている。

また，精神保健福祉士とは，

> 「精神障害者の保健及び福祉に関する専門的知識及び技術をもって，精神科病院その他の医療施設において精神障害の医療を受け，又は精神障害者の社会復帰の促進を図ることを目的とする施設を利用している者の地域相談支援の利用に関する相談その他の社会復帰に関する相談に応じ，助言，指導，日常生活への適応のために必要な訓練その他の援助を行なうこと（相談援助）」を業とする者」

と定義されている。

地域の中で対人援助を進めるにあたって，心理と社会福祉や精神保健福祉との連携と協働は重要である。法が示すように社会福祉士と精神保健福祉士は，当事者の権利擁護とウェルビーイングのために相談援助及び環境調整を業とする。心理職は社会福祉の専門職と同様に当事者のエンパワーメントと自立支援にどのように参加し協働するかが問われている。

7-4 心理職と組織的エンパワーメント

これまで述べてきたように，心理職がコンサルテーションやアウトリーチを介して当事者のいるところ，すなわち地域の中の生活の場で臨床活動をするには，多職種との連携・協働によるチームアプローチは欠かせない。ことに子どもにかかわる領域で，このような連携・協働を前提とする専門職の役割を心理職が果たすには，新たな発達的視点が必要である。それは，臨床心理学と発達

心理学とを統合した発達臨床の視点である。人間を単独でみるのではなく生態学的に幾重もの「入れ子システム」の中で生きている多層な存在として捉えることである。

　この考え方の代表は、ブロンフェンブレンナーの生態学的システム論によるアプローチとして先述したとおりである。コンサルテーションやアウトリーチによる臨床活動の展開において大切なことは、心の問題や発達の問題を環境要因との相互作用から捉えるという生態学的な視点と絡め合わせて臨床活動をすることである。

　心理職が専門職として、地域やコミュニティの中で多職種とのパートナーシップをもって臨床活動を行なうことが重要であるが、それを十分に機能させるためには包括的な地域システムの構築が前提である。いまのところ、わが国の地域システムの精度には地域差があり、現実には専門職のフォーマル、インフォーマルの双方における努力において保たれている。地域に心理職等の対人援助の専門職が常勤職員として配置されている地域は、フォーマルな地域システムが安定して機能している。たとえば、それは自治体の条例として成立し、実施要綱として明文化されている。そこでは、心理職がシステム構築のキーパーソンの役目を担い、多職種とのパートナーシップの要の役割を担っている。

　心理職が数多くいる自治体や心理職が配置されている有力な施設や機関では、心理職はアドミニストレーション（行政）にも影響力を発揮し、組織的なエンパワーメントを行なっている。それは地域における多職種とのカンファレンスを通じて専門職の拠って立つ職業上の倫理観、価値観に対する相互の理解を進めることでもある。さらにイントラネットなど情報共有の場を成熟させて整備を進めることで、切れ目のない包括的で継続的な援助と支援を実現させている。専門職間の心理的距離感を短くし、お互いが、「当事者の最善の利益と地域の人々の福祉に寄与するために」といった使命を共有することが求められるのである。

引用・参考文献

安藤延男　2009　コミュニティ心理学への招待－基礎・展開・実践　新曜社
ブロンフェンブレナー　磯貝芳郎・福富護訳　1996　人間発達の生態学－発達心理学への挑戦　川島書店
D.A. クローン，R.H. ホーナー　野呂文行他訳　2013　スクールワイドPBS　学校全体で取り組むポジティブな行動支援　二瓶社
福山和女　2014　アウトリーチの未来像－地域におけるソーシャルサポートとの協働精神療法　40（2）pp.7-15　金剛出版
舩越知行　1996　平成8年度台東区職員海外派遣研修報告書　pp.24-36
古川悟（編）　2014　対人援助をめぐる実践と考察　ナカニシヤ出版
春木あゆ美　2014　アウトリーチ推進事業におけるPSWの役割　精神療法40（2）pp.16-22　金剛出版
M.ハイネマン，K.チャイルズ，J.セルゲイ　2014　三田地真実（監訳）　子育ての問題をPBSで解決しよう-ポジティブな行動支援で親も子どももハッピーライフ　金剛出版
今田高俊　2000　支援基礎論研究会編　支援学-管理社会をこえて　東方出版
稲沢公一　2002　援助者は友人にたりうるかー援助関係の非対称性ー　有斐閣
川村隆彦　2011　ソーシャルワーカーの力量を高める理論・アプローチ　中央法規出版
岸野麻衣　2008　保育カウンセリングのあり方　無藤隆・安藤智子（編著）子育て支援の心理学　pp.215-233　有斐閣
窪田由紀　2009　臨床実践としてのコミュニティ・アプローチ　金剛出版
箕口雅博　2011　改訂臨床心理地域援助特論　財団法人放送大学教育振興会
村田久行　2010　援助者の援助－支持的スーパービジョンの理論と実際　川島書店
無藤隆・安藤智子（編）　2008　子育て支援の心理学－家庭・園・地域で育てる　岸野麻衣　保育カウンセリングのあり方　pp.215-233　有斐閣
楡木満生（編）　2004　臨床心理学シリーズ4　臨床心理面接演習　培風館
J・オーフォード　1992　Community Psycology: Theory and Practice　山本和郎監訳　1997　コミュニティ心理学－理論と実践－　ミネルヴァ書房
デイヴィド・B・シュウォルツ　冨安芳和訳　1996　川を渡る－コミュニティと障害における考え方の革命の創造　慶應義塾大学出版会
志賀文哉　2013　支援と当事者性　とやま発達福祉学年報2013（4）pp.11-16
島井哲志　2006　ポジティブ心理学－21世紀の心理学の可能性　ナカニシヤ出版
下山晴彦　2010　臨床心理学を学ぶ①これからの臨床心理学　東京大学出版会
下山晴彦・村瀬喜代子（編）　2010　今，心理職に求められていること－医療と福祉の現場から　誠信書房
高木俊介・藤田大輔（編）　2011　こころの科学増刊『実践！アウトリーチ入門』　アウトリーチ，この両刃の剣をどう使うか　pp.2-9　日本評論社
高畠克志　2011　臨床心理学をまなぶ⑤コミュニティ・アプローチ　東京大学出版会
高岡昂太　2008　子ども虐待におけるアウトリーチ対応に関する研究の流れと今後の展望　東京大学大学院教育学研究科紀要　48　pp.185-192

高岡昂太　2013　子ども虐待へのアウトリーチ―多機関連携による困難事例の対応　東京大学出版会
谷口泰史　2003　MINERVA福祉専門職セミナー⑪　エコロジカル・ソーシャルワークの理論と実践―子ども家庭福祉の臨床から　ミネルヴァ書房
冨安芳和　1995　（展望）インクルージョン　発達障害研究　日本発達障害学会　17（1）pp.1-9
植村勝彦（編）　2007　コミュニティ心理学入門　ナカニシヤ出版
上野千鶴子・中西正司（編著）　2008　ニーズ中心の福祉社会へ　当事者主権の次世代福祉戦略　医学書院
脇田愉司　2003　支援とは何か―その背後にあるものから　日本社会臨床学会編　11（1）

山本和郎　1986　コミュニティ心理学―地域臨床の理論と実践　東京大学出版
山本和郎　1995　こころの科学『臨床心理学入門改訂版』　日本評論社　臨床心理的地域援助　pp.20-33
山本和郎　1996　こころの科学増刊『スクールカウンセラーの実際』　日本評論社　コミュニティ心理学の視点から　pp.30-35
山本和郎（編）　2001　臨床心理学的地域援助の展開―コミュニティ心理学の実践と今日的課題　培風館

第2章
学校における心理臨床

泉野淳子

はじめに

　1995年（平成7年度）に文部省（現 文部科学省）が「スクールカウンセラー活用調査研究委託事業」をスタートして20年が経つ。日本の臨床心理学は教育領域を中心に進展してきたため，心理の専門職を語るうえでスクールカウンセラー（以下SCと略）を外すことはできない。当初，同省の文言には「児童生徒の臨床心理に関して高度に専門的な知識・経験を有するものをSCとして選考する」とうたわれていた。

　しかし，現在SCとして働く臨床心理士に心理職としてその専門性を十分に生かせているか尋ねたら，多くのSCは首を縦に振るのにためらいを感じるのではないだろうか。

　近年は「ソーシャルワーカー（以下SWと略）的な働き」や「即効性のある具体的な解決策」が求められる傾向にある。また，国の事業から各都道府県へと実施主体が移行する中で，SC採用にあたって「高度な専門的知識や経験」を有するか否かはそれぞれの自治体に委ねられるようになっている。すなわち，心理学に特化した高度の専門職というよりは学校で発生するさまざまな問題に幅広く柔軟に対応できる人材が求められていると言えよう。

　現場で働いていると，心理職としてのアイデンティティが揺らぐような局面にぶつかることがある。守秘の問題1つとっても，この10年ほどの間に浸透している「集団守秘義務」という概念は，きちんと検討されないまま1人歩きしている感がある。そのため，葛藤したり呻吟したりすることは多く，SCは専

門職として働きやすい条件や環境が整っているとは言い難いのが現状である。しかし、それでも悪戦苦闘する中で、傷つき疲れ切った子どもが前向きな力強さを獲得していく姿に出会うことがある。教師や保護者から感謝の意を伝えられることもある。いかに専門性を生かしながら時代の要請に応じ責任を果たすことができるか。第2章では学校内部・外部と大きく2つに分けて論述する。

なお、事例とエピソードが随所に挿入されているが、これは筆者の経験をはじめ親しいSC、学校関係者や保護者たちなどから得た見聞をもとに学年や性別を変更して作成したものであり、実在する特定の人物を描いたものではないことを最初にお断りしておく。

第1節　学校内部での役割

　SCの身分は地方公務員法第3条に規定する非常勤職員であり、その業務は校長の指導・監督の下に行なうことが「SC活用事業実施要綱第2条」に定められている。(注1)つまり、SCは学校組織内の一員として働くことが明記されているのである。その業務は「第2条 (1)児童生徒及び保護者に対する相談 (2)教職員に対する相談 (3)教職員研修における指導及び助言 (4)その他、校長及び（都道府県）教育委員会が必要と認める業務」となっている。ここに書かれている内容を見れば特にむずかしいことは何もないように思われる。しかし、SCの専門職としての側面を加味すると立場の難しさが見えてくる。

　専門職（profession）とは「本来、神または公に宣誓（profess）して就く職業を指し、一般に以下のような共通要件を満たすものとされる。①高度の知識・技術を有する。②長期の専門的教育を要する。③公共の利益優先の職責を有する。④就業後も自主的な研鑽を行なう。⑤活動に広範な自律性を有し結果の責任を個人が負う。⑥組織に属さないかまたは非官僚的な組織に属す。⑦高い社会的評価と報酬が与えられる」（岩永、2011）。

　これら専門職の要件は、現在のSCのあり方とは矛盾する部分がいくつもある。特に⑤と⑥は明らかに違うと言えよう。SCが組織の一員である以上、自律性や主体性に制約も制限もあるのは当然である。結果の責任に関しても、仮に不登校の子どもに改善が見られなくとも、SC個人が責任を問われることは

※注1　各自治体によって若干の違いはある。ここでは群馬県の資料を用いた。

まずない。SCの意識としては責任を負うつもりで深くかかわりたくとも，そこまで任されることもない。また，教育の専門家である学校長の指導・監督下で，心理臨床の専門性を発揮するという難しさもある。

　さらに，勤務時間数が圧倒的に少ない。当初は1日8時間で年間35日勤務，1年間に計280時間の持ち時間があり，ほぼ週1回の勤務が可能であった。しかし，現在は都道府県によって違いはあるものの1日4～6時間，年間70～140時間と勤務時間数の減っているところが多い。これだと1か月に1～2回しか勤務できない。事業予算額が増加しているのは，当初，中学校から始まったSC配置が小学校と高校にも，さらに限定された学校から全校配置へと拡大しているためである。いきおい1人のSCが1校あたり短時間で複数校を担当することになる。すると各学校の最困難ケースばかりを抱えることになる。

　それは虐待やイジメの被害を受けて深い心の傷を負い，自傷行為や自殺企図があったり，発達障害のみならずそこから派生する二次障害や心的疾患をもっていたりするなど，複数の要因が幾重にも重なっているケースである。そのような子どもほどじっくり腰を据え，家庭や外部機関との綿密な連携をしながら時間をかけた深いかかわりが必要である。しかし，それをするには勤務時間数が少なすぎるのが現状である。これらさまざまな制約のある条件下でSCが有効な働きをするためには，第1に組織の成員である教職員たちと信頼関係を築くことが必須である。

1-1　学校組織の一員としてのSC　－教職員との関係づくり－

　人間関係を築く第一歩は相手を知ることである。学校という組織のつくり（構造）としくみ（機能）を知る。小中高校で違いはあるものの校務分掌の大枠を知っておくことである。たとえば，学年部会，教科部会，教務部，事務部，生徒指導部，教育相談部，進路指導部，保健指導部，研修部などあり，その下に道徳指導係，生徒会係，給食指導係，厚生美化係などがあり，さらに文化祭担当，修学旅行担当，卒業アルバム担当，職場体験担当など学校の規模や地域によってさまざまな係や担当がある。それとは別に担任，副担任，学年主任，教務主任，主幹，管理職と役職による役割，部活動の顧問など，役割は重層的に細分化されている。これらの役割1つひとつがどのように機能しているかシ

ステムを把握しておく。

　臨床心理学やカウンセリングとは一見関係のないこれらの構造と機能を理解することは大切である。たとえて言えば外国語を学ぶようなものである。まず単語を覚え文法を知る。それと同じように教職員とコミュニケーションをはかろうとしたら、学校内部の「ことば」を覚えることである。「共通言語」がなかったら円滑な意思の疎通ははかれないだろう。「共通言語」に相当するものが組織のシステムと言えよう。

　たとえば、クライエント（子どもであれ保護者であれ）に関する事柄を担任教諭に伝える必要が生じた場合である。その先生が文化祭担当であることを知っていれば、文化祭前日に耳に入れるよりは管理職にだけ報告しておき、担任には文化祭終了後に伝えるほうがスムーズにいくであろう。そのような常識とも言える小さな配慮ができるためには、校務分掌を把握していることである。

事例1　誰に何を報告する？　勝手なことをするなと叱られたSC

　中学校のA先生は教師になって2年目の若い先生である。初めて学級担任になり張り切っている。クラスのB君が欠席しがちなので保護者に何度か電話をしている。母親の話ではB君は前から「友だちができない、勉強がわからない、学校に行っても楽しくない」とこぼしていたという。

　それが最近は、朝、腹痛がすると言ってベッドから起きてこない日もある。このままでは不登校になるのではないかと心配そうに話す。そこでA先生は母親に、SCに相談することを提案し、母親は翌週、相談室に来室することになった。

　SCは駆け出しの臨床心理士。SCになってまだ1年目である。来室した母親から「学校には内緒にしてほしいのだが……」と切り出され、緊張しながら一生懸命に耳を傾けて聞く。「……実は小5の時に担任から勧められて専門の相談機関に母子で出向いた。そのとき、Bは幾つも検査を受けたので、検査の結果を持参した」とトートバッグの中から複数の用紙を取り出した。知能検査と文章完成法、PFスタディの結果の概要だった。

　SCは院生のころ、アセスメントの講義をしっかり受け猛勉強したので得意分野だった。その場で検査概要を熟読し、さらに彼の成育歴やこれまでの様子を聴取したうえで、「今、B君を無理やり登校させてもすんなり改善するとは

思われない。むしろ学校自体を嫌いになりかねない。体調の悪い時はゆっくり休み，保健室や自習室登校しながら，通級指導学級や適応指導教室も視野に入れて今後のことを家族で話し合ってほしい」と伝えた。母親は「そうですか，わかりました」と納得して帰って行った。

　面談後，SCはA先生に母親に話したのと同様の見解を伝えた。A先生はSCの語った内容を良くわかってくれた。SCは保護者と担任の双方に理解してもらえたとほっと一安心した。

　しかし，翌週，出勤すると学年主任のC先生がSCの顔を見るなり「勝手なことをされては困るのですよ」と強い語気で話しかけてきた。聞くと，先週の面談の日の夜，A先生は母親に電話をしてB君が保健室か自習室登校をするようはたらきかけ，さらにその翌日には適応指導教室の資料をもって家庭訪問し，保護者に渡してきたとのことだった。SCはなぜ自分が叱られるのかわからなかった。

　──学級担任はクラスの責任者であり，年齢や性別や経験にかかわりなく学級運営を任されている──というスタンスは，保護者や外部に向かって呈示されている。しかし，経験の浅い教師に対しては，先輩や学年主任，管理職が助言しながら陰で支えているのが実際である。若い教師にとって，自身の裁量がどこまであるのか，どこからは主任の意見や学年会議にかけて学年全体の合意のもとで決めるべきことなのか判断のつかないことも多い。A先生は，心理の専門家であるSCの見解を聞いてB君のために迅速に行動を起こしたのだった。

　学校は児童生徒を教育する場であると同時に教師を育てる場でもある。本来，教室で授業を受けるべき子どもが保健室や別室登校するには他の教師たちの合意が要る。ましてや通級指導教室や適応指導教室という校外の教室への生徒の移動が伴う場合には，事前に幾つもの手順を踏む必要がある。若い先生はその辺りをまだわからなかったものと思われる。

　また，1人の子どもにはさまざま立場でそれぞれの責任や役割をもった教職員がかかわっている。学年主任は，担任がまずB君の相談にのって教室に戻す努力をし，他の教師たちの意見を聞き，学年主任の助言や指導を受けながら対応してほしかったのかもしれない。A先生がSCの見解に従ってしまうのでは

なく，生徒や保護者と話し合う中で子どもの気持ちに共感したり諭したり，保護者と話し合う中で親の心情や意向を知り保護者対応の経験を積んでほしかったのかもしれない。さらに学年主任は学校長から，若手教師が手のかかる子どもをSCに「丸投げ」しないように言われていたのかもしれない。

　たとえ責任感や善意からであっても，SCのもつ知識や情報を伝える相手や方法や時期を間違うと思わぬ齟齬を生じることがある。外部性あるいは異質性をもったSCが組織の一員として信頼を得ていくためには，自分の立場を客観的に見る視点が必要である。さらに教職員もそれぞれの立場でさまざまな考えや思いをもっていることを認識し，組織の情報の流れ方や意思決定のなされ方を知っておくと大きな行き違いを防ぐことができよう。

1-2　養護教諭とのつながり

　養護教諭との関係づくりは大切である。保健室には学校すべての子どもの健康状態に関する情報が集積されている。毎日，全児童生徒の出欠席・遅刻早退の集計をしているのは養護教諭であり登校渋りや不登校の状況，毎年の健康診断の管理も任されている。スポーツ大会や修学旅行でケガをしたり病気になったりした記録も貴重である。心身の不調を抱える子どもの多くは保健室を訪れるため，養護教諭は児童生徒及び保護者とも直にかかわることが多い。保健室をたびたび訪れる子どもに「1度SCに相談してみたらどうか？」と勧めるのは自然な流れであり，保健室からSCに紹介されて来る場合も多い。

　また養護教諭もSCも学校内での「1人職種」であり，仕事に重なる部分があるため意思の疎通がしやすい。ただ，活動に共通する部分があるだけに，両者が馴れ合ってしまったり，逆に子どもへの対応方法の相違に互いに批判的になってしまったりすることもある。深刻な問題を抱えた1人の子どもに両者が深くかかわることによって，子どもからそれぞれが転移を向けられ養護教諭とSCの中にそれぞれ逆転移が生じることも考えられる。これは養護教諭ばかりでなく他の教職員との間においても起こり得ることである。自身の逆転移に気づけることはもちろん，日常の小さな機会をとらえて教職員に心的防衛機制について説明するなど，共有できる臨床心理学の概念を増やしていくことも大切である。

事例2　養護教諭との協力で被虐待生徒を学校につなげたケース

　中学2年女子。担任の語るところによると，勉強に身が入らず学業不振である。忘れ物が多く，何事にも消極的。無口でおとなしくトラブルを起こす生徒ではないが，最近，一部の女子から「掃除をサボる」「日直の仕事をしない」などのクレームが出ている。ポツンと1人でいる姿が目につく。これらから担任は何か悩みごとでもあるのではないかと気になって，SCに紹介してきた。

　初回面接を終えて，言葉少なに語られた内容や覇気のない全体的な印象などから，SCは背景に虐待があるのではないかと疑いをもった。しかし，生徒自身の口から直接告げられたわけではない。もう少し情報がほしいところ。そこで保健室を訪ね養護教諭にその生徒に関して何か気になることはないか尋ねてみた。

　すると，以前，体育の授業中にバスケットボールが真正面から顔面に当たり鼻血を出して保健室に連れてこられたことがあり，印象に残っているという。腕や足を見ると転倒した際の打ち身以外にも大小の青あざがあった。本人に尋ねると「ボーッとしているからあちこちぶつかる」との説明だったが気になっていたという。SCが事情を説明し入学以降の健康診断の様子を尋ねるとすぐに記録をチェックしてくれた。「1年生の時から身長は伸びておらず，体重は減少している。貧血傾向。ほとんどすべての歯が虫歯。治療するよう保健室から文書で促しているのに，今年の歯科検診でも治療がなされていない」とのこと。SCは養護教諭と話し合い「何らかの虐待が疑われる。少なくとも医療ネグレクトはあるだろう」と2人の意見は一致した。

　翌日，養護教諭が学校にその旨を伝え，主任が他の教師にも協力を仰いだところ，部活顧問からは「去年，ユニフォームとシューズ代を何回も忘れたというので立て替えておいたが，結局，未だに代金をもってきていない」ことや，その他の教師たちがそれぞれ別々にもっていた小さなエピソードを集めると虐待の疑いが濃厚になるばかりであった。SCが面談を継続する中で，生徒本人は虐待という認識はしていなかったものの，以前から家で心身ともに非常につらい思いをしていることが語られた。そこで，本人の了解のもと，担任をはじめ関係教職員で話し合い，管理職から児童相談所に通告する運びとなった。

1-3 守秘義務の問題

「集団守秘義務」という言葉を頻繁に聞くようになった。それは，SCがカウンセリングの中で知り得た内容を学校の教師たちに提供して共有し，集団で守秘義務を負うと解釈されていることが多い。しかし「SC活用事業実施要綱 第8条」[注1]には，守秘義務として「スクールカウンセラーは，職務上知り得た秘密を漏らしてはならない。その職を退いた後もまた，同様とする」とあるだけである。これは，教師の守秘義務が「地方公務員法第34条」に「職員は，職務上知り得た秘密を漏らしてはならない。その職を退いた後も，また，同様とする」となっており，この文章の「職員」を「スクールカウンセラー」に置き換えたものである。

つまり，SCは教師と同様の守秘義務を負っているという意味である。SCはカウンセリングとは無関係の生徒や保護者あるいは教職員に関するさまざまな個人情報を知り得る立場にあり，それを守秘する義務が常勤職員と同様に課せられているということであろう。SCが「カウンセリングの内容を学校に伝え，それを学校全体で守秘する」ということはどこにも明記されていない。クライエントとの秘密を厳守することはカウンセリングの根幹にかかわってくることであるから，曖昧なまま使われ浸透している「集団守秘義務」の解釈はどこから来ているのかを，きちんと見直し検討する必要があろう。

また，教師とSCでは「秘密」の捉え方に相違のあることも認識しておく必要がある。

事例3　教師とSCとの感覚の違い①

ある中学校の職員室の昼休み。明るく面倒見の良い中堅のD先生とSCとは，食後のお茶を飲みながら雑談をしていた。そこに中学1年生のE子さんが，教科の先生にプリントを提出するため入ってきた。授業中に仕上がらなかったので1人だけ遅れて先生に提出しに来たのだ。E子さんが用事を済ませて職員室を出ようと2人の脇を通りかかると，SCと雑談していたD先生は明るい声でE子さんに話しかけた。「1年2組のE子さんね。お姉ちゃんは元気？　高校にはちゃんと通っているの？　この方はスクールカウンセラーの先生よ。お姉ちゃんがずいぶんお世話になっていたの。あなたも何か悩むことがあったらこ

※注1　各自治体によって若干の違いはある。ここでは群馬県の資料を用いた。

のSCの先生に相談すると良いわよ」

　生徒がSCのもとに通っていたことは基本的に他者に漏らしてはならないことである。兄弟姉妹だから許されるわけではなく，むしろクライエントにとっての「秘密」は家族や近しい間柄だからこそ知られたくない場合も多い。大半の教師は口が堅く情報を漏らすようなことはしない。しかし，SCであれば決して他言しないような事柄を教師は善意から漏らしてしまうことがある。教師の「守秘義務」に対する意識が心理職より低いというのではなく，「秘密」の捉え方に違いがあると考えられる。

　心理臨床家が守らねばならない「秘密」の本質は何であろうか。教職員が職務上，知り得た児童生徒の成績や素行，病気，家族構成，家庭の経済状況，親の婚姻関係，保護者の職業や学歴，犯罪歴などの個人情報と，カウンセラーが守秘すべきクライエントの「秘密」とは質的に違いがあることに鈍感であってはならない。

事例4　教師とSCとの感覚の違い②

　小学3年生のF子ちゃん。相談室に通うようになって1年以上が経つ。カウンセリングが終わると部屋のドアを開け，1歩廊下に出たところで立ち止まって振り返り，SCと内緒話をしたがることがあった。「ねぇねぇ，先生」と言ってSCの耳元に口を近づけ，手のひらを添えて小さな声で話す。SCは腰を曲げて耳を傾ける。「あのねー，えーっとねぇ……えーっと……なんだったっけ……えっと……忘れちゃった……」。そこでSCはF子ちゃんの耳元に「あのねぇ，F子ちゃん……えーっとね，むにゅむにゅ……もにょもにょ……」とささやく。時間にして1分足らず，せいぜい数十秒程度のことである。彼女はそれが気に入ったようでニッコリ笑って教室に戻っていく。その後もこの「内緒話」は何度か交わされた。

　ある日，その場面を偶然，廊下を通りかかった学級担任が見ていた。放課後，職員室で担任はF子ちゃんが一体何をSCに内緒で話しているのか尋ねてきた。仕事熱心で真面目な担任である。SCは担任の興味と不安の入り混じった心配そうな表情に負けて「特別なことは何も語られていない。SCと親密な関係で

あること，自分には秘密を共有する相手がいるということを他の生徒に誇示したいのかもしれない」と伝えた。

　1週間後，出勤するとその担任教師は，笑顔で「この前の話，F子ちゃんのお母さんに電話して伝えておきました。お母さんは『F子は悩みなんかありはしないのですよ，甘えているだけなんです。ご迷惑をおかけしました』と詫びていましたよ」と言ってきた。SCは血の気が引く思いがした。まさか担任が母親に伝えるとは思ってもみなかった。F子ちゃんはとてつもない寂しさを抱えていた。「秘密」を共有する「対象」を欲しながらも，その相手がおらず，語るべき「秘密」を言語化できてもいなかった。彼女の母子関係がどのようなものか大方予測はできていた。SCは自分の落ち度を今さらながらに責めた。

　「そもそも秘密とは，秘密にされる内容の如何によってではなく，むしろ，何事かを『秘密にしよう』とし，その『秘密を保とう』とする主体の"意志"の働きをその本質としている。従って『秘密』は，その主体の自己確立や自己維持の"意志"の顕現である」（小此木，1980）

　教師とSCとの情報の共有は一定の範囲内で有益であろうし，組織の一員として活動する以上，成員間の情報の共有は不可欠とも言える。しかし，個人の内面に触れていくカウンセリングにおいて，「秘密」を他者と共有するという事実が子どもにとってどのような意味をもつのか，それが周囲の人たちに与える影響はどのようなものか，「秘密」のもつ力の大きさを肝に銘じておく必要がある。教師が重視（軽視）する秘密もあれば，SCが重視（軽視）する秘密もある。どちらが正しいというのではなく，職業による感覚の相違であろう。守秘義務という言葉を使うときには，教師と心理職にとって守秘すべきものの捉え方が違っていることを認識しておく必要がある（泉野，2012．要約）。

1-4　SC以外の相談員との関係づくり

　学校にはSC以外にも雇用形態の異なる複数の相談員が活動している。文科省の「スクールカウンセラー等活用事業実施要綱（3）」に定められている学校相談員や生徒指導推進協力員である。各学校によって人数や勤務時間は異なるが，1日数時間，週に2～4日程度出勤し，学校に適応しづらい子どもたちの

支援をする非常勤職員である。「学習室」や「自習室」といった名称の別室に複数名が交代で出勤し，子どもの相談相手になったり，給食を一緒に食べたり，自主学習の手伝いをしたりする。いわゆる別室登校の子どものためのスタッフである。子育ての終わった主婦や公立図書館で読み聞かせボランティアをしていた人など，地域活動に積極的で子ども好きな女性たちであることが多い。

校舎内に教室以外の居場所があることは，子どもにとって心強い。この別室からSCとの面談に通って来る子どもたちも少なくない。別室スタッフたちは子どもたちと日常的に接し，1日の大半を一緒に過ごす。したがって，別室登校の子どもたちの様子を知るには，この相談員たちとの関係づくりも欠かせない。ただし，職務内容が明確でないため相互理解に難しさもある。

事例5　自習室相談員とSCとの間で混乱した生徒

学級担任を通してSCに依頼されてきた中学1年のG君。毎朝登校してくるのだが教室に入って授業を受けることができず，現在は自習室登校をしている。内向的で物静かな性格，本人は教室に戻りたい気持ちがある。

初回面接の日，彼は緊張した面持ちで来室し「早く教室に戻って他の子と同じように勉強できるようになりたいです」としっかりと語った。SCはリラックスして会話ができるよう配慮しながら，これまでの経緯などを聞いた。G君は神経質なところのある真面目な性格との印象を受けた。2回目には笑顔も見せて趣味について話し，3回目にはクラスに苦手な生徒がいることを話すようになった。SCはこの調子なら次回も来談するだろうと思っていたが，4回目の日「G君が『行きたくない，もう行きたくない』と強く言い張っている」と自習室の相談員Hさんからキャンセルの連絡が入った。SCには突然のキャンセルの理由がわからなかった。

翌週出勤すると，もう1人の相談員IさんがSCと内密に話したいと突然，相談室にやって来た。「G君は，カウンセリングを受けた後，学習室に戻って来るとHさんから"SCの先生に何を聞かれたの？　G君はどう答えたの，なぜそう答えたの？"など，毎回あれこれ言われるのがイヤみたいです。『シツコク聞かれたくない』と私に言うんです。でも，私から年上のHさんには言いづらい。どうしたら良いのでしょう」と相談をもちかけられた。

学校では1人の子どもに複数の大人たちがかかわっている。学校相談員になるようなスタッフは，カウンセリングや臨床心理学に関心をもつ人が多いのかもしれない。心理の専門職であるSCが密室の中でどのような応答をしているのか気になるのであろう。継続中の面談が決して拙いわけでもないのに効果が現れなかったり，突然来室しなくなったりすることもある。そんなときには記録を読み直して検討するのが定石だが，相談室内のクライエントとカウンセラーの二者関係だけに注意を払っているとなかなかわからないこともある。

　カウンセリングにおける対話やその際に生じたさまざまな思いは，クライエント自らが心の中に抱え，次回まで自分の内面と対話をすることに意味がある。第三者がクライエントの内面に入り込んで面談の様子をあれこれ聞き出したり，それに対してコメントしたりするようなことが続くと，効果が望めないばかりか来談するのさえ嫌になるのも当然である。

第2節　外部機関との連携における役割

　外部機関との連携においては，SCは学校内部でのファシリテーターに徹することである。いや，むしろその役しかできないのが現実であろうか。SCが外部と直接連絡を取りたくとも，先方から「非常勤ではなく常勤の教師」を指定してくることが多い。現実問題として，1週間から数週間に1度しか出勤せず，出勤日であっても大半の時間を相談室内で面談を行なっているSCは電話口に出ることさえむずかしい。

　また，メール連絡も常勤職員のような公的アドレスをもたないため私的アドレスを使い，郵便等による通信も自宅住所を使うのが通例である。そのような通信連絡の不便・遅延がつきまとうので外部との連携にあたって，現段階では学校内におけるチームづくりに専念するべきだろう。

　伝統的に学校は，保護者と綿密に連絡を取り合う協力体制が構築されている。PTAや家庭訪問，三者面談などである。また，教師同士が情報を共有して協力し合う体制や体質も，時に閉鎖的と言われるほどしっかりできている。いわば「内部」や「身内」との連携のノウハウは蓄積がある。

一方，外部機関とのかかわりは立ち遅れている。事件や事故が起こった場合の特例的な連携はある。しかし，学校内での問題は学校（あるいは教育分野）内で解決していくという慣例のためであろうか，外部の専門機関との協働を日常に組み込んでいく体制づくりは今後の課題であると言えよう。

近年は発達障害を抱えた子どもや虐待を受けた子ども，家庭が経済的に困難であったり，保護者がDVやさまざまな依存症を抱えていたり，教育分野だけでは対応しきれないケースが増えている。インターネットを中心としたデジタルメディアの普及により，子どもが家の中に居ながらにして悪徳商法や思わぬ犯罪の被害に巻き込まれることもある。学校は管理職やベテラン教師も経験したことのない状況を迎えている。今後，医学や心理学，社会福祉，司法，警察など他分野と協働する必要性が高まると思われる。それら外部機関との連携の「潤滑油」となることもSCの重要な役割の1つであろう。

2-1 医療機関との連携 －発達障害や心的疾患のある子どもの援助－

SCは担任や養護教諭，保護者から医療が必要かどうか，どこの医療機関へ行ったらよいか相談されることも多い。教師からは，「保護者に向かって『お宅の子どもを医療機関に連れていけ』とはとても言えない」，あるいは「子どもを医療機関に連れて行くのは保護者の役目。教師が口出しすべきことではない」という声をたびたび耳にする。また，保護者によっては学校から医療受診を勧められることに抵抗感をもつ場合もある。

しかし，SCが子ども本人のアセスメント及び多面的な情報を総合的に検討して医療につなげることが有益である，と判断したのにそれをしないとしたら専門職として怠慢である。受診を円滑に進めるには，発達障害や思春期に発症しやすい心的疾患に関する勉強を常に行ない，最新の確かな知識を得ておくのは当然のことである。

多くの保護者は小児科，内科，思春期外来，心療内科，神経内科，精神科，脳神経外科など細分化された医療科目のどこを受診したよいかわからないものである。心理検査やカウンセリングが受けられるか否か，交通の便や立地条件，総合病院内の心療内科か精神病院内の心療内科なのか，独立した1つの建物のクリニックなのか複数のテナントが入っているビル内のクリニックなのかなど，

一見小さな事柄によって受診しやすかったりそうでなかったりする。

SCは担任や主任，養護教諭と医療の必要性をいつ誰がどのような形で子ども本人と保護者に伝えるかを話し合う。地域医療の適切な情報提供ができるように日ごろから準備しておく。

事例6　医師と保護者，学校が連携した成功例

小学4年男子，J君。担任は彼を，「マイペースで他の皆と一緒の行動が取れない。時に突拍子もない言動をする。頑固で指導がまったく入っていかない」と評する。「手に負えず，ほとほと疲れる」と困り果てている。

話をよく聞くとSCには何らかの発達障害が想定できた。彼はこれまで専門機関に相談したことがないので，1度，専門機関で診てもらうことを担任に提案。保護者に来校してもらい，担任とSCの3人で話し合いの場をもった。担任が学校での様子を伝え，保護者から家庭の様子を聞き，それらを踏まえてSCが医療受診を勧めた。医療の力を借りることはJ君にとってプラスになる可能性が高く，医師のアドバイスを聞くことは家庭でも学校でもメリットが期待できること，私たち皆で協力してJ君の成長を促していきたいと思っている意思を説明した。保護者は快諾した。そこでSCは地域医療の中から複数の情報を伝えた。

保護者は家族で話し合ってクリニックに連絡をし，その翌々週にはJ君の受診予約が取れた。両親でJ君をクリニックに連れて行き，時間をかけた診察の後で医師から説明を受けた。両親（特に母親）は，幼いころから「他の子とちょっと違う」感じがしていたことに納得がいった。医師から「学校の先生にも1度クリニックに来院していただきたい」旨を言われたと，母親が担任に連絡してきた。

そこで担任と学年主任，養護教諭が出向き，学校での対応の仕方などの助言を受けてきた。J君は，薬物療法と並行してプレイセラピー，母親はカウンセリングを受けることになった。J君は薬物療法が効果のあるタイプだったことも幸いし，ほどなくして学校でも家庭でも言動に変化が見られるようになってきた。担任が学校での彼の改善された様子を保護者に伝えると，母親は心から喜んだ。その後も担任は保護者の了解のもと医師と協働し，大きな学校行事な

ど普段と異なる刺激的な環境に置かれる際のJ君の対応法について助言を受けた。J君はクラスに溶け込み，友だちもでき，勉強にも取り組むことができるようになり，やがて無事小学校を卒業した。

2-2 児童相談所との連携

　2004年に児童虐待防止法第6条の「児童虐待に係る通告」が改正された。これにより通告の義務は「虐待を受けた児童」から「虐待を受けたと思われる児童」を発見した場合に改められた。言葉の上ではわずかな変化であるが，この改正は大きい。早期発見，早期介入できるよう「虐待を受けたと思われる」段階で通告できるようになったのである。

　児童相談所（以下，児相と略）が対象とするのは18歳未満であり，乳幼児など小さい子どもほど死亡に至るような重度のケースが多く緊急性が高い。一般に「就学前の小さな子どもであれば虐待を受けても他者に助けを求めることは無理かもしれないが，中高校生にもなれば友人や教師に訴えたり，いざとなれば警察に助けを求めたりできるだろう」と漠然としたイメージがあるようだ。そのため小中高校と学年が進むにつれ，児相の迅速な対応が期待できない傾向があるように思われる。

　しかし，虐待を一概に語ることはできない。虐待を受けた子どもは，心に深い傷を負って諦念し，現状に耐えるだけで精一杯で，学年が進んでも自ら助けを求める何のアクションも起こせないことも多い。虐待の内容によっては（たとえば性的虐待），低年齢時よりも年齢が高くなるほど事の重大さがわかってくるため自ら隠そうとし，一層，発覚しづらい場合もある。

　虐待の疑いがある場合は，細心の注意を払って慎重に本人との面談を行なう。そのうえで児相や市町村の児童福祉担当部署へ通告するにあたってチーム（担任，主任，養護教諭，管理職，SCなど）をつくり，外部との連携窓口になる担当者を決める。迅速かつ慎重に進めていくことが肝心である。最も必要なのは子どもを助け出そうとする高い意識をもち続ける持久力かもしれない。通告するとそれで学校の義務は果たしたように感じ，教職員やSCの緊張感が緩んでしまうことがあるからだ。

> **事例7** 学校内における緊密な連携がなかったための失敗例

　高校3年女子，K子さん。保健室を訪れるうちに養護教諭に幼いころ養育者から体罰を加えられたり，暴言を吐かれたり，食事を与えられず学校給食でもちこたえてきたことなどを話す。養護教諭からの勧めでSCのもとに来談する。
　それ以降，相談室には毎週，保健室には毎日のように通うようになる。体調不良，自傷行為，さらに顔面が腫れていたり頭に打撲の跡があったり，感情の変化が激しいなど今現在も被虐待の可能性が濃厚なため，本人の了解を得て管理職を通じて児相に通告した。
　数日後，児相からK子さんが登校しているか否かの問い合わせの電話が入った。担任が出張で不在だったため受話器をとった教師が職員室の「生徒の出欠席一覧ボード」を見て登校していると伝えた。数週間後にも同様の電話が入ったが，受話器をとった別の教師が同じように出欠席のボードを確認して登校している旨を伝えると「毎日，登校しているんですね」と念を押された。養護教諭とSCは管理職から通告がなされたため，児相の専門家が何らかの手段を講じてくれるものと思い，K子さんの訴えを聞き，励ましながら対応を待ちわびていた。
　あっという間に1か月が過ぎ，担任が児相に電話すると担当者が不在とのこと。連絡を待つ間にK子さんは18歳の誕生日を迎えた。そうこうするうちに，数か月後には卒業式が迫っていた。
　SCの最後の勤務日，K子さんは「中学のときから，母親の懇意の男性が同居するようになった。ずっと行動を監視されたり怒鳴られたり暴力を受けていた。高校生になってからセクハラは頻繁，性的暴力も受けそうになっている。もう死んでしまいたい。学校に毎日来ていたのは家に居るのが耐えられないから」と泣きながら訴えた。

2-3　その他　－保護者に外部の相談機関を勧める際の諸注意－

　保護者との面談の中で，大人のための相談機関を勧める必要が生じることも多々ある。保護者自身や家族が深刻な問題やトラブルを抱えている場合は，そ

の環境を少しでも整えることが子どもの心身の健康のためにぜひ必要だからである。両親の不仲，離婚，DV，経済的困窮，借金，家族の失踪や自死，病気，地域からの孤立，外国からの移住による文化的混乱など問題は多岐にわたる。

教師からは「夫婦の問題や家庭のプライベートなことに学校は踏み込むことはできない」という言葉をよく耳にする。それだけに，保護者を孤立させないためにもSCが関係をつくってつながり続けることが重要になる。

たとえば「離婚を考えているが慰謝料や養育費はどれくらい受け取れるのか。親権はどうなるのだろう」など尋ねられたとき，聞きかじりの知識を話したり，反対に「専門外なのでわからない」と放り出したりせず，法テラスや市役所・町役場が行なっている無料法律相談など専門の相談窓口につなぐようにする。

その際，注意すべきことは，「こういう相談機関があるからそこへ行くと良い」とその名称や連絡先を伝達するだけで終わりにしないことである。特に近年は保護者自身が子ども時代に不登校や家庭の事情で高校進学しなかったり中退したり，社会経験も未熟なままシングルマザーとなっているケースも少なくない。信用できる社会資源を活用する発想自体をもっていないことも多い。外部機関を紹介する場合は「これくらいは常識だから承知しているだろう」という先入観はもたずに，保護者が安心して出向けるようにていねいに説明することである。公的機関への相談は無料であり市民なら誰でも利用できること，秘密は厳守されるので何でも相談して大丈夫であること，専門家でなくてはわからないことが誰にでもあり，相談することは決して恥ずかしいことではないといったことを伝えるべきである。

自身が学校で勉学をしてこなかった負い目のある保護者は，「こんなことを聞いたら馬鹿だと思われるのではないか」と，SCに対しても本当に尋ねたいことを尋ねられず表面を取り繕ってしまうことがある。それらを防ぐため，市町村が発行しているパンフレットや広報を相談室に取り揃えておき，その広報誌を一緒に見ながら各種無料相談の内容や予約の取り方なども説明する。今後，何か困ったときには地域の社会資源を積極的に活用できるよう，そのノウハウを身につけてもらうためである。

外部機関を紹介した際に大切なのは，必ず「そこで相談にのってもらったことを踏まえて，あなたの子どもが楽しく学校に通えるように支えていきたい。

またSCの元に来談されるよう」次回の来談日を決めておくことである。それによって「厄介者だから見放された」という誤解を防ぐことができる。

第3節　スクールカウンセリングの将来－今後に向けて－

　伝統的な個人心理療法の立場からは，SCのあり方について厳しい批判もある。心の奥深くにかかわっていく精神分析学派は「時間，場所，料金」といった治療構造をしっかり設定することを重視する。その枠組みを設定できないSCは，果たして心理臨床の専門家と呼べるのかという疑問である。

　その1例として，「（スクールカウンセリングにおいて）学校側の要望に答えている臨床心理士が多いようです。訪問面接を行なってクライエントに登校をうながしたり，クライエントと交流をもつためにボーリングをしたり，カラオケに行ったり，また守秘義務を無視して，多くの教師に，クライエントとのカウンセリング内容を伝えたりする臨床心理士も多いようです。…（略）…筆者は，スクールカウンセリングにおいては，時間，場所，秘密厳守を定めた治療構造は大切であると思います。……治療構造を軽視すると，何よりクライエントの心が見えなくなることを知っておく必要があります」（長尾，2013）という記述がある。

　これに関連して僭越ながら以下に私論を述べる。

　私は複数の都道府県で10年以上SCとして働いてきたが，クライエントとボーリングやカラオケに行ったというSCの存在を1度も聞いたことがない。また，多くのSCは学校側と情報の共有をする際に，50分間のカウンセリングのすべてを具体的に伝えるようなことは決してしないはずである。ある部分を，抽象度を上げたり，一般論に置き換えたり，SC自身の言葉に「翻訳」したりて伝えるなど，あらゆる工夫や慎重な配慮を凝らしていると思われる。

　さらに，学校長の監督・指示の下で活動することが明文化されているSCが，自分の思いどおり自由に活動できるはずもない。あくまでも組織の一員である。また，SCは1年契約の非常勤職であり，翌年も採用される保証はどこにもない。カウンセリングや心理療法のあるべき理想を探究するのは意味のあることかもしれない。しかし，学校の現実，子どもや教師，SCの置かれている状況

を直視する必要がある。

　群馬県で30年にわたり小児・心療内科医療を行なってきた鈴木基司(もとじ)医師は、子どもの日常生活の中に「第三者的機能」を設定しておくことを提唱する。子どもの成長や発達に欠かせない甘えや依存、頼ったり相談したりする家族の保護機能が、今の社会ではすでに危険な状態であり、子どもに何らかの問題が生じた際、それを受け止め補償する機能、子どもを保護する関係性が危機的であると。失われつつあるこういった保護機能は、日々の生活の中で子どもたちが辛うじて養護教諭やSCとつながることで保たれていると指摘する（鈴木，2010．要約）。

　子どもたちは最低9年間、1日の大半を学校の中で過ごす。その学校の中に子どもを保護し情緒を育む関係性をもった「第三者的機能」がしっかりと設定されること。それは子どもの健やかな成長にとってきわめて重要である。SCがその役割の一翼を担うことは可能だ。もしかしたら、それは治療構造を設定することと同等か、あるいはそれ以上に意味のあることかもしれない。学校の中で、子どもがもっと主体的により多くの時間SCを活用できるようにすること。SCが心理の専門職として、今後、日本の社会の中で生き延びるためにはこの視点は非常に重要であると思われる。

おわりに

　カウンセラーにとって来談者は、継続中はもちろん終結後も大切な存在である。発達途上にある子どもを対象とするSCにとって、その感はより強いかもしれない。来談していた子どもたちが卒業後、新しい環境でうまくやれているのか、親子関係は円滑にいっているのか等々、気になるものである。

　特に発達障害を抱えていたり、イジメに遭って心に深い傷を負ったりした子どもたちは、進学や就労など人生の節目や環境の変化によって緊張感や孤立感が高まり混乱することも多い。たとえば、高卒後、就労したけれども会社にうまく適応できない、医療機関を受診するほどではないが専門家にサポートしてほしい。そんなとき、もし卒業生が母校を訪れ無料でSCに相談できるような体制が整っていたら、地域に根づいた継続的な支援が可能になるだろう。

2008年（平成20年度）からは文部科学省により「スクールソーシャルワーカー活用事業」が開始した。これは「教育と社会福祉の両面に関して専門的な知識・技術を有する者を配置して教育相談体制を整備する」ものである。初年度，全国の141の指定地域でスタートし，現在は各都道府県で地域にあった実践に向けて取り組みが進められている。今後，社会福祉の専門家がソーシャルワークを担当し，心理職がカウンセリングに専心できれば，SCはより専門性を生かした活動を行なうことができると期待される。

引用・参考文献

群馬県教育委員会　2001　群馬県スクールカウンセラー活用事業実施要綱
伊藤美奈子・平野直己（編）　2003　　学校臨床心理学・入門－スクールカウンセラーによる実践の知恵　有斐閣アルマ
岩永雅也　2011　教師とその養成　『教育と社会』　放送大学教育振興会
泉野淳子　2012　連携という名の情報の横流しにならないために　『平成23年度スクールカウンセラー活動報告書』　群馬県臨床心理士会学校臨床心理士専門委員会　pp.4-5
泉野淳子　2013　軽度発達障害の子どもの教育に関する教師の意識調査　大会シンポジウム（調査研究）日本心理臨床学会第32回秋季大会論文集 p.130
文部科学省　2015　教育相談体制の充実について　http://www.mext.go.jp/a_menu/shotou/seitoshidou/04121505/005.htm
森岡正芳（編著）　2012　カウンセリングと教育相談－具体事例を通して理解する　あいり出版
長尾博　2013　ヴィジュアル精神分析ガイダンス－図解による基本エッセンス　創元社
小此木啓吾　1980　「秘密」『笑い，人みしり，秘密－心的現象の精神分析－』　創元社　pp.111-123
Salzberger-Wittenberg,I. et.al　1983　The Emotional Experience of Learning and Teaching. H Karnac Books Ltd.（平井正三他監訳　2008　『学校現場に生かす精神分析－学ぶことと教えることの情緒的体験－』岩崎学術出版社
下山晴彦・村瀬嘉代子（編）　2010　今，心理職に求められていること－医療と福祉の現場から－　誠信書房
杉原保史　2012　技芸としての　カウンセリング入門　創元社
鈴木基司　2010　子どもの発達とその支援を考える『平成21年度 青少年問題調査研究会』　内閣府政策統括官（共生社会政策担当）pp.25-53
滝口俊子・倉光修（編）　2005　スクールカウンセリング　放送大学教育振興会

第3章
放課後支援における心理臨床

小川圭子

はじめに

　特殊教育から特別支援教育への移行は学校現場だけでなく，放課後支援の中にも浸透してきている。放課後の学童クラブや子ども教室には，通常学級の子どもの他に，地域に暮らす特別支援学級や特別支援学校に通う子どもたちも多く利用している。放課後は学校や学年，クラスの垣根を越えて子どもたちが育ちあう空間である。
「放課後子どもプラン」や「放課後子ども総合プラン」の策定によって，子どもにとっても保護者にとっても放課後の選択肢の幅が広がっている。望ましいことである一方で，学童クラブや子ども教室などの放課後活動の従事者にとっては新たな問題にも直面することとなる。
　特別な支援や援助を要する子どもの割合は増加傾向にあり，個別的なかかわりの他に集団の運営にも工夫が必要になる。近年は，子どもを取り巻く環境も多様化し，いわゆる"気になる子"への対応に現場では手さぐり状態が続く。本章では著者が，臨床心理士として携わる放課後支援について紹介する。

第1節　放課後の充実に向けた施策——放課後子どもプラン・放課後児童クラブなどの実際

1-1　放課後児童クラブと放課後子ども教室

　放課後，自宅や祖父母などの家以外にも，子どもたちが「ただいま」と帰る場所がある。学童保育である。スタッフが，次々とやって来る子どもたちを

「お帰りなさい」と笑顔で迎えてくれる。図工の時間につくった作品を自慢したり学校での出来事を報告したりと、にぎやかな時間がスタートする。

　学童保育の歴史は1940年代に始まり、各地でさまざまな試みが展開されて来た。1998年には、厚生省所管の「放課後児童健全育成事業」として法制化され、「放課後児童クラブ」の名称が用いられるようになる。その後、「子育て支援」「仕事と子育ての両立支援」をめざす政府の方針もあって、学童保育の利用者は増加の一途をたどることとなる。2014年5月1日現在の放課後児童クラブ数は2万2096か所、登録児童数は93万3535人となっている（全国学童保育連絡協議会、2014年調べ）。

　共働き・ひとり親家庭の子どもたちの放課後と学校休業日の生活を守るのが放課後児童クラブの主な役割である。同時に、親の働く権利と家族の生活を守る側面も有している。「放課後児童クラブガイドライン」による対象児童は、保護者が労働などにより昼間家庭にいない小学校1～3年に就学している児童であり、その他の健全育成上指導を要する児童（特別支援学校の小学部の児童及び小学校4年生以上の児童）も加えることができる、としている。職員体制に関しても、放課後児童指導員の配置が示されている。市町村（特別区を含む）、社会福祉法人その他の者が実施主体であり、「学童クラブ」「児童クラブ」「育成室」などさまざまな呼び名がある。

　2007年には、厚生労働省所管の「放課後児童健全育成事業」と文部科学省所管の「放課後子ども教室推進事業」を一体的あるいは連携して実施する、総合的な放課後対策事業として「放課後子どもプラン」が示される。この「放課後子どもプラン」は、地域社会の中で、放課後に子どもたちの安全で健やかな居場所づくりの推進が目的である。「放課後子ども教室」として小学校の余裕教室等を活用し、地域の多様な人材の参画を得て、学習やスポーツ・文化活動などに取り組むものである。対象児童は地域の子ども全般であり、学年や保護者が就労しているか否かにかかわらず利用することができる。「ひろば」「プラザ」などの他、さまざまな名称が用いられている。1例として、東京都での「放課後子ども教室」と「放課後児童クラブ」との違いを示したものが表1-1である。

　近年は、都市部を中心に全児童向けの事業への1本化が急速に進んでおり、

表1-1 放課後児童健全育成事業(学童クラブ)と放課後子ども教室の違い

	放課後子ども教室	放課後児童健全育成事業 (学童クラブ)
目　的	子どもたちの安全・安心な活動拠点(居場所)を設け、地域の方々の参画を得て、子どもたちに学習やさまざまな体験・交流活動の機会を定期的・継続的に提供し、これらの取り組みを通じて、子どもたちの社会性・自主性・創造性等の豊かな人間性を涵養するとともに、地域社会全体の教育力の向上を図り、地域の活性化や子どもが安心して暮らせる環境を推進する	保護者が労働等により昼間家庭にいないものに、授業の終了後に児童厚生施設等を利用して適正な遊び及び生活の場を与えて、その健全な育成を図る事業
根　拠	東京都放課後子供教室推進事業実施要綱	児童福祉法第6条の3第2項 学童クラブ事業(放課後児童健全育成事業)実施要綱
制度開始	平成19年度 (「地域子ども教室事業」平成16年度～18年度)	昭和38年度　都補助金開始 (法制化は平成10年)
対象児童	地域の子ども全般 (中学生を対象とできる)	保護者が労働などにより昼間家庭にいない、おおむね10歳未満の児童(1年生から3年生) その他健全育成上指導を要する児童
設置場所	基本的に小・中学校の学校施設	児童館、小学校(校庭・余裕教室)
指導員	地域住民のボランティアなど(コーディネーター、教育活動推進員、教育活動サポーターほか)	東京都児童福祉施設の施設及び運営の基準に関する条例第50条に規定する資格を有する者が望ましい(保育士、教員免許など)
利用料金	基本的に無料 (保険料等、実費は別)	育成料、おやつ代等 (クラブにより異なる)
出欠確認	参加・不参加は、基本的に自由。 出欠席の確認は区市町村により異なる。	出欠席は「連絡帳」や保護者との連絡により確認する。

出典:2014年東京都保健福祉局資料より抜粋

学童登録の子どもと一般登録の子どもとが一緒に活動する形態が増加している。2014年には、放課後児童クラブの受け皿を拡大するとともに、一体型を中心とした放課後児童クラブ及び放課後子ども教室の計画的な整備をめざす方針が示された。

しかし、就学前は保育園の延長時間を利用してフルタイム勤務できていた保

護者が，小学校入学後の子どもの放課後の生活のために働き方の見直しを迫られるケースが社会問題化している。これが，親の「小1の壁」である。共働き家庭のいわゆる「小1の壁」を打破し，次代を担う人材を育成するため，すべての児童が放課後を安全・安心に過ごし，多様な体験・活動を行なうことができるよう，厚生労働省と文部科学省が共同して「放課後子ども総合プラン」策定へと至っている。

1-2 放課後等デイサービス

放課後児童クラブや放課後子ども教室では，多くの子どもたちに交じって障害のある学齢期の子どもの参加も盛んである。一方で，障害児だけの放課後活動の場として，放課後等デイサービスの利用者も増加している。

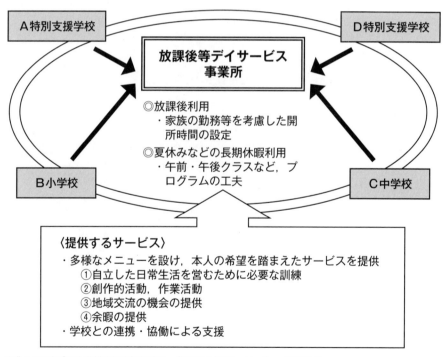

出典：2012年「厚生労働省児童福祉法の一部改正の概要について」一部改編成

図1-1　放課後等デイサービスの概要

放課後等デイサービスは，学校通学中の障害児に対して，放課後や夏休みなどの長期休暇中において，生活能力向上のために訓練等を継続的に提供することにより，学校教育と相まって障害児の自立を促進するとともに，放課後等の居場所づくりを推進するものである。放課後や夏休みなどにおける支援の充実を求める声が多く，居場所の確保の必要性から，学齢期における援助の充実のために，2012年の児童福祉法の改正に伴って，それまでの児童デイサービスの強化を図るために「放課後等児童デイサービス」が創設された。多様なメニューを設け，生活能力向上のために必要な訓練，社会との交流促進などのサービスが提供される（図1-1）。

　療育手帳や身体障害者手帳の有無は問わず，児童相談所，市町村保健センター，医師等により必要性が認められた児童も対象とされている。NPO法人や民間事業者の参入も活発に進んでおり，特色のあるサービスの提供によって障害のある子ども自身にとっても保護者にとっても放課後の選択の幅が広がっている。

事例1　もう1つの学童クラブ：放課後等デイサービス

　ある特別支援学校の下校時間の風景。スクールバスに交じって，いろいろな放課後等デイサービスの送迎車が並んで子どもたちの帰りを待っている。子どもたちも，学校用のカバンの他にデイサービス用のバッグをもって，担任の先生に「さようなら」，デイサービスのスタッフに「こんにちは」と慣れた様子で送迎車に乗り込んでいく。

　デイサービスでのおやつやゲームで遊ぶ時間を楽しみにしている子どもは多い。小学部の児童だけでなく，多くの中学部や高等部の生徒も利用している。自宅まで送り届けてくれる事業所もあり，子どもだけでなく保護者にとっても力強い伴走者となっている。

第2節　障害児の放課後支援
　　　　　——居場所づくりや自立促進への援助

2-1　居場所づくりと自立支援

　2013年に東京都社会福祉協議会が行なった「都内における学童保育の実施状況についての調査」によると，77.6％の学童保育所で障害のある子が登録しており，その平均は2.5人となっている。厚生労働省の調査では49.6％となっており，東京都が障害児を受け入れている学童保育所の割合は全国平均よりも高くなっている。障害児を受け入れていると回答した学童保育所の約72.1％が，障害のある子どものために指導員を増員している。

　人的な体制以外にも，施設設備や環境面の改善や工夫，臨床心理士等の専門職の巡回指導なども導入される機会が増加している。しかし，職員配置の方法や高学年に対応する指導員の体力の問題など，見守りの難しさも明らかになっている。また，「就学支援シート」や「保育所児童保育要録」の提供を受けている学童保育所は少なく，保育所や小学校との連携は課題といえる。今後は，個別支援計画の定着も望まれるところである。

　奥住（2009）は，障害のある子どもが学齢期になると，家庭，学校だけでなく，「放課後」が「第三の生活・活動の場」になると述べている。障害の有無にかかわらず，異年齢との交流が盛んに行なわれる放課後の活動は意味深い。また，時間や内容の制約が少ない点も満足感につながりやすい。しかし，巡回相談の場面では，障害のある子の遊びが続かない，他の子どもたちと一緒に遊べない，などの訴えが多く聞かれる。

　子どもの側から考えれば，楽しく集中できる遊びがない，みんなと賑やかに過ごすのが苦手，といった理由があるかもしれない。障害児の場合には特に，それぞれの子どもの発達段階に合った遊具や活動の提供が重要である。遊べていないと感じられるのであれば，遊べる物や活動を指導者側が探していく姿勢が求められる。さらに，子ども自身が楽しめる活動を自分で選択できるように導いていくのが，自立支援である。

　障害の特性として，騒々しい場所を苦手とする子どもも少なくない。多くの子どもたちがそれぞれの遊びを展開する放課後児童クラブや子ども教室の中で，

そのような特性をもつ子が楽しく過ごすには困難も想像される。障害児にかかわらず，放課後のひととき何もしないでのんびりと過ごす自由も尊重されるべきである。障害児の場合には学校生活の中でたくさんのストレスを感じながら放課後クラブや子ども教室に帰って来ているのかもしれない。ゆっくりとリラックスして過ごす空間の提供も，放課後支援の担う大きな役割と思われる。

地域の子どもたちの中に障害のある子がただそこにいるだけでは，本来の共生とはいえない。個々に応じた援助がなされることによって，障害のある子も持てる力を発揮して，ともに楽しい時間を過ごせるようになるだろう。

2-2 地域交流

放課後児童クラブや子ども教室では，地域の方々の参加やボランティアなども巻き込んで，いろいろな行事やスポーツ教室，伝承遊びの紹介などが活発に行なわれている。周囲の子どもたちと一緒に，またはサポートを受けながら障害をもつ子どもたちもいろいろな体験の場が提供される。このような場では，子ども同士の接点も多くなる。お互いを知るうえでも良い機会となる。

特別支援学校，特別支援学級などに在籍する子どもたちが，その枠組みを越えて，これからも共に生きていく地域の仲間と交流できる貴重な空間が放課後である。子どもたちで自然に交流が進む姿が望ましいが，大人の仲立ちを要する場面も生じてくる。

そのときの大人の態度が，いわゆる健常児と呼ばれる子どもたちの障害児への捉え方に影響を及ぼす。周囲の子どもたちはどのように接していいのかわからずに，距離ができてしまっている場合が多い。できることもたくさんあること，困っているときにはこうやって手を貸してあげればいいことなど，具体的に伝えることで子どもたちの距離感はどんどんと縮まっていくだろう。障害の有無にかかわらず，できないことはお互いに助け合う姿勢を育てる視点が，偏見を越えて地域の仲間意識を高めていくこととなる。

障害をもつ子どもたちが将来的にも地域で生活するために，子ども時代からの関係性の積み重ねは不可欠である。

2-3　保護者支援

　障害児の保護者の立場から永田（2009）は，多くの保護者は，「少しでも健常のお子さんと触れ合い，交流させる機会を持たせたい」と考える。しかし，あえて障害のある仲間同士の集団を選ぶ人も少なくない。その理由は，地域社会全体の障害児・者に対する理解が不十分で，仲間として受け入れられていないことを感じながら，そこで我が子を過ごさせるのは，親としては心が痛む，と述べている。地域の子どもたちと一緒に放課後を過ごさせるか，放課後等デイサービスを利用するか，または併用するか，保護者の思いは複雑である。

　生計を維持するため，職業を通して自己実現を図るためなど，保護者が就労する理由はさまざまである。障害児をもつ保護者も同様であり，共働きやひとり親の家庭も少なくない。就学先の選定に悩んだ後には，放課後の過ごし方についても頭を悩ませることになる。学校から放課後活動の場所までの移動方法などを含め，障害児の保護者の場合は先に述べた親の「小１の壁」はさらに高いものとなる。障害児の放課後の居場所づくりは，保護者支援の視点からも重要である。

　宇佐川（2007）は，臨床場面で子どもの着実な成長を請け負えることを，家族サポートの第１条件に挙げている。放課後支援にかかわる者としても同様の心構えが求められる。障害児を抱える親や家族，地域とともに前に進むために，複眼的な視点を備えていく必要がある。

事例2　地域で育つ子どもたち

　特別支援学校に通う小学校２年生のＡ君。午後２時半に学校が終わると，迎えに来ているヘルパーさんと一緒に地域の放課後児童クラブに向かう。約20分の道のりを歩きながら，ヘルパーさんとおしゃべり。

　放課後児童クラブに到着すると，スタッフが笑顔で「お帰りなさい」。ヘルパーさんと別れて，スタッフや同じ地域で暮らす同年代の子どもたちとの時間を過ごす。ここには保育園時代の友達もいるので，みんなが気軽にＡ君に声を掛けてくれる。５時になると，おじいちゃんのお迎え。友達の「バイバイ」に見送られてクラブを後にする。特別支援学校に通う子どもたちにとって，放課後は地域の仲間と楽しく過ごす貴重な時間となる。

第3節　環境を含めた当事者理解
　　　　　――虐待や家庭の問題と肯定的介入

3-1　大人を試す子どもたち

　近年，巡回相談で目に見えて増えているのが"気になる子"への対応に関する相談である。特別支援教育の浸透や発達障害に対する認知の広がりなどを背景に，放課後活動の従事者の方々も発達の遅れや偏りのある子どもたち，医学的な診断を受けている子どもたちへの理解は進んでいる。一方で，普通学級に在籍していても反抗的，衝動的，乱暴な言動などの子どもの行為に悩まされているケースの相談は増加の一途をたどっている。

　多くの放課後活動従事者は，暴言や反抗的態度にも正面から子どもたちと向き合い，日々全力で格闘しながら疲弊している。子どもが好きでまじめな性格の人が従事している割合が高いので，より良い方向をめざせばめざすほど子どもとの関係性は悪化してしまう。

　反抗的，衝動的，攻撃的な子どもの中には，注意欠如・多動性障害などが原因となっているケースもある。しかし，本人も無意識のうちに大人の注意を獲得したい意図からくる行動もある。学校でも家庭でも認められることが少なく，一般的には困った行動と受け取られるような行動でしか大人とのかかわりを築けない子どもに多くみられる。勉強の面でも，スポーツや芸術の面でも力を発揮したり評価されたりする機会が少なくなっている。周囲から（時には親からも）「困った子」のレッテルが貼られ，経験的に頑張ることの無力さも学習している。

　そのために，大人から注意を受ける，叱られることが1つのコミュニケーションと化している。中には，家庭内が攻撃的であったり挑発的であったりする場合もある。大人がどう対応するか，自分をどう評価しているか，味方なのか敵なのか，繰り返し子どもは大人を試す。本人の性質や家庭の問題ばかりを原因とせず，放課後活動にかかわる者として子どもの言動のもつさまざまなメッセージにも思いを巡らす姿勢が求められる。

　放課後活動従事者は，子どものありのままの姿に寄り添う姿勢が求められ，心の拠り所となる存在をめざす必要がある。下浦（2007）は，わかってもらえ

ている，受け容れられているという実感がもててこそ，放課後支援の場が「居場所」になっていくのだ，と述べている。

> **事例3** "気になる子"の居場所づくり
>
> 　学童クラブに参加する小学1年生の女児，Bちゃん。学習面は問題なく，自分から挨拶するなど礼儀正しい姿もみられる。一方で，突然大きな声を出したり寝転んだりする。また，行事などでは部屋を出ていく。その度に，大人の個別的対応が必要になる。暴言や攻撃的な行動も多く，だんだんと友達からも孤立してしまう。家庭では，母親が重篤な疾患で入退院を繰り返している状態にある。
> 　巡回時に様子を観察していると，Bちゃんはスタッフを見ながら行動していることがわかる。感情的な叱責に対しては激しく抵抗し，穏やかな注意には暴言が出る。そこで，冷静に毅然とした態度での対応と，お手伝いなどを通して大人との信頼関係を深めることを助言。数か月後には素直に大人に甘えを表現し，笑顔で行事に参加するBちゃんの姿がみられるようになった。

3-2　肯定的介入

　乱暴，落ち着きがない，暴言などは，大人にとって困った行動である。特に集団活動の場においては対応に苦慮する問題にも発展する。注意を重ねるうちに，本来は行動が問題だったはずなのに，問題を起こす子ども自身を問題視してしまう。次第に，その子の良い部分も見失ってしまう危険性があるだけでなく，大人の評価は周囲の子どもたちにも影響を及ぼす。

　しかし，子どもの活動援助にかかわる以上は，結果だけではなくそれぞれの良い点や頑張っている姿をしっかりと認めてあげる力が求められる。行動にはそれぞれ意図や理由がある。一見，問題と感じられることであっても，発達的に意味深い行為もある。乳幼児期のからかい行動も大人にとっては困った行動ではあるが，自我や対人意識の発達においては大きな成長を意味する。学童期での重大なルール違反には毅然とした態度で臨む必要はあるが，小さな出来事の1つひとつを頭ごなしに叱ったり自尊心を傷つけたりする注意は逆効果であ

る。「話しや注意が聞けない」「大人を無視している」と判断する前に,「聞けないのはなぜか」「どうしたら向き合ってくれるのか」を考えてみる。大人側の対応を見直すことで,子どもを理解する糸口が見えてくる。

否定的視点から対応を考えるのでなく肯定的にとらえることで,対象の見え方が変わり対処法も拡がるだろう。

事例4　「問題行動」の見方を変えると…

　巡回相談で,小学2年生のC君の問題行動の話題が出る。自由遊びの時間に耳をふさいで体を固くしている姿が多い。友達と一緒に遊ぶことが少なく,ひとりで絵を描いたり本を読んだりしている。友達や大人から間違いを指摘されるとパニック状態になり,攻撃的な行動も出てくる。

　巡回相談などでよく聞かれる「問題行動」。多くの場合,大人にとっての問題行動であり,子どもの側にはちゃんと理由がある。C君は騒音の中で安定を保つために頑張って耳をふさいでいる。周囲に迷惑をかけることなくひとりの時間を楽しめる。でも,間違いを指摘されると混乱してしまう。そのようなときには,どうすればいいのか教えてあげればいい。このように,子どもの側から解説することで,C君の頑張っている姿への理解も深まるだろう。

3-3　親が自分らしく生きるための放課後支援

　仕事をもつ保護者にとっては,就労を保証する意味でも放課後活動が担う役割は大きい。就労していなくても,夕方までは直接の子育てから少し距離を置きたいと考える保護者も少なからず存在するであろう。このような側面から,放課後活動によって保護者もまた,自分らしく働いたり,生活したりする重要な時間をつくりだしているといえる（奥住,2009）。

　保護者が自分の時間の中で意欲や活力を高め,日々の子育てに前向きに取り組むことによって,さらなる子どもの発達が期待できるのである。子どもたちの放課後支援は,親が自分らしく生きるエネルギーを蓄えるための援助でもある。家族の個々人が循環的に満足感を得られるならば,子どもたちの育つ環境は足元から豊かになっていく。子どもたちも将来的には親となり,自分らしい

生き方を希求する。その意味では、家庭を取り巻く地域に向けて保護者の立場からも積極的な放課後支援への参加が望まれるところである。

> **事例5** "気になる子"からのメッセージ
>
> 　母親と一緒に母方の祖母宅で暮らす小学校3年のD君。乱暴な行動が多く、暴言も多い。スポーツは大好きで得意だが、トラブルに発展しやすい。1日に何度も注意を受けることになり、その注意に暴言で返す悪循環が生まれる。
> 　野球の得意なD君は地域の少年野球チームに入りたい。しかし、保護者が順番でお世話係の当番があるために、忙しい母親や祖母の承諾が得られない。
> 　放課後クラブでは、スタッフにD君と一緒に作業する時間を設けてみるよう提案。「ありがとう」「とても助かった」など、感謝の気持ちをことばにして表現する。また、ボランティアによるスポーツ教室も導入し、力を発揮できる機会を設けた。徐々に、ことばで要求したり日常の出来事を話してくれたりするようになる。乱暴や暴言は、大人に向けた心のSOSなのかもしれない。

第4節　放課後の発達支援──地域で生きる子どもたちへのコンサルテーション

4-1　従事者への援助のあり方

　筆者の場合、放課後支援の形は巡回相談が中心である。巡回相談前後の流れをまとめたものが表4-1である。

　当日は到着後、放課後活動の担当者から対象となる子どもの様子や経過などについて報告を受け、その後に行動観察に移る。宿題をしている子や遊びの輪の中に入ったり校庭に出たりして、実際の子どもたちの様子やスタッフの大人のかかわりなどに着目する。さらに、観察後には所見や助言を述べたり今後の課題などを放課後活動の担当者と一緒に検討したりする。希望によって複数のスタッフとの質疑応答を行なう場合もある。

　事前の資料や事後の報告書作成の作業は時間や手間を要するが、その場での話し合いだけでは足りない吟味の機会を与えてくれる。子どもの姿だけでなく、自分たちのかかわり方を客観的に見つめ直す場ともなる。助言内容や問題点を

表4-1　一般的な巡回相談の流れ

事　前		放課後活動の担当者は，対象児に関する概要，スタッフの対応，相談内容などを中心とした資料を作成，関係者に送付する。
当　日 （全体の時間，時間配分は流動的）	約30分	資料に基づき，対象児や当日の流れなどをクラブ担当者と巡回メンバーとで打ち合わせ。
	約2時間	行動観察。対象児の他，スタッフのかかわり方や配置，周囲の子どもたちの様子，環境面なども観察する。
	約30分	観察を踏まえたうえでの助言や意見交換。クラブの担当者だけでなく，複数のスタッフを交えた質疑応答の時間を設ける場合もある。
事　後	放課後担当者	相談内容，指導内容，次回の巡回相談までに取り組むことなどを報告書として作成する。
	巡回相談員	巡回時の様子，スタッフのかかわり，所見などを報告書として作成する。

ほかのスタッフに周知する際にも役立つものであり，事前・事後の報告書作成は従事者援助研修の一環としても位置づけている。

多くの場合，巡回訪問の際には目立った大きなトラブルは発生せず，穏やかな時間が過ぎる傾向にある。「昨日の様子を見てほしかった」「今日のような日は珍しい」といったことばが聞かれたのは1度や2度ではない。従事者の方々にしてみれば，日ごろの自分たちの困難感が理解してもらえない，と感じるであろう。しかし，子どもたちなりに大人の様子と普段と違った空気を察知し，行動をコントロールしていると捉えることができる。子どもたちは状況に合わせて対応できる力を備えているというプラスの視点の提供から，従事者への援助はスタートする。

行動観察と並行して，従事者からの情報収集も重要である。対象児の問題行動だけでなく成育歴や家庭環境，日ごろの様子，スタッフ間での意見，実際の対応などについてさまざまな角度からの確認作業である。従事者自身が対象児をどのように捉え，自分たちがどのようにかかわっているのかを改めて認識する重要な機会となる。大人と子どもとの行動パターンが明らかになるケースが多く，そのまま解決に向けた一歩が見えてくる。

従事者を援助する臨床心理士の役割は，一方的に指示や提案をすることではなく，従事者自身の備えている力を十分に発揮できるよう可能性を引き出すことだと筆者は考える。従事者援助は，間接的な対象児や保護者の援助でもある。従事者にとっても子どもたちにとっても，また，その場全体がより良い空間となるような援助のあり方をめざすのはいうまでもない。

事例6　実力発揮の下ごしらえ

　6月，新年度に入って1回目の巡回。放課後クラブの主任スタッフEさんは4月に異動してきて2か月半が経過した。巡回対象児は，近隣の小学校から転校してきた支援学級在籍の2年生男児，F君。ルールが守れない，乱暴な行動が多く対応に苦慮していることがEさんから語られる。

　行動観察前に，F君の学力の程度や近隣校からの転校の経緯，前校の在籍学級などについて質問する。しかし，Eさんからは「わからない」という答え。理解力に合わせた対応の必要性，転校に関連した事情によって保護者対応への配慮も変わることなどを説明。知らないことに気づき，知ろうとすることから問題解決に向けた糸口が見えてくるのである。

　インタビュー形式で，しまいこまれた情報を引き出す。そして，漠然とした困り感を明確化する。そこから，スタッフ各人のもっている力を発揮する場面づくりが始まる。

4-2　二次障害の防止

　身体的な障害や発達障害などの本来の障害に対して，周囲の理解不足からくる不適切な対応や環境が原因となって生じる障害が二次障害である。軽度の脳性麻痺の子に対し，小さなころからすべて親が服を着せたり靴を履かせたりしてきたために子どもは親に対して受け身的・依存的になり，小学校通常学級入学の時期になっても身辺自立が確立しない，といった例がある。

　また，乱暴な子や落ち着きのない子が多くの場面で非難や叱責を受けることで，自信を喪失したりさらに反抗的になったりするのも二次障害といえる。子どもたちが成長する過程では，二次障害の有無や程度は将来にも大きく影響を

及ぼす。また，逆に考えるならば防止できる障害ともいえる。

　二次障害予防のためには，子どもに対する大人の正確な評価が求められる。子どもの能力を過大に評価すると要求水準が高くなり，それが達成されないと大人からはやる気がない，手を抜いていると思われてしまう。一方で，もっている力を過小評価してしまうと，提示する遊びや活動だけでなく対応するレベルも低くなり，その子は満足感を得られなくなる。表面的な部分だけでなく，できることとできないことを見きわめて，それぞれの子どもの状況に合った対応を心がける必要がある。

　子ども自身の障害や成育環境によっては頑張ってもできない，努力だけでは解決できないこともある。繰り返される失敗経験や劣等感は，生活全般に対して消極的になり自己否定にもつながる懸念がある。悔しさをバネにできるのは，たくさんのエネルギーを蓄えている子に限られる。一般的には，すでにできていることや得意なことで満足感や達成感をたくさん経験して自信を高めることが，劣等感防止のためには重要である。意識的に満足感や達成感が得られる機会を用意してあげることで，子どもたちの意欲や挑戦する気持ちが膨らむのである。

事例7　"困った子"が"かわいい子"に

　小学校2年生のG君は，毎日笑顔で元気に放課後児童クラブにやって来る。G君の姿が見えると，年輩のスタッフたちは不安が高まる。G君は乱暴な行動が多く，注意をすると行動はさらにエスカレートするからだ。

　巡回相談の中で，G君の対応についての質問が集中する。対応として，破壊や身体的危険に関することには毅然とした態度，それ以外の困った行動は過剰に反応しない，今後も続けてほしい事柄は（皮肉は抜きに）ことばにしてほめる，の3点を心がけてもらうこととする。本当は皆さんに甘えたいのに方法がわからないのかも，のことばも添える。

　次の巡回時，その後の様子を聞く。減少しているものの，乱暴や暴言は続いている様子。しかし，報告してくれる表情が前回とはまったく違う。G君に対する自信も感じられる。笑顔で「乱暴や暴言はあまり変わらないけど，かわいくて仕方ない」。表面的な姿に大きな違いはなくても，大人に受け止められ始

めたG君の未来は明るい。

第5節　地域コンサルテーションとアウトリーチの実際

5-1　放課後児童クラブ・放課後子ども教室一体型での援助事例

5-1-1　対象児及び放課後クラブの様子

　対象児は小学校1年生の男児，H君。通常学級在籍だが，教室にいられずに保健室や空き教室で過ごす時間が長い。夏休み明けから学校では介助員がつき，10月から服薬も開始される。母親，妹（4歳：保育園児），祖父母の5人家族。

　H君が週5日間，放課後を過ごしているのは放課後児童クラブ・放課後子ども教室一体型のIクラブで，多い日は100名前後の子どもたちがやってくる。H君は学童登録で，担任の先生や介助員に連れられてひと足早くやってくる。

　他児への攻撃的な行動やルール違反，暴言などでトラブルが多発するために，スタッフ（非常勤）は30分交代の担当制でH君の見守りを行なっている。それでも日々，H君の周囲でトラブルは発生する。また，H君の攻撃を恐れて言いなりになる同級生や，H君に便乗してルール違反をする子どもたちもみられている。

5-1-2　巡回相談の経過

　1回目の巡回で，H君，周囲の子どもたち，スタッフ（常勤・非常勤）の様子を観察。一番にやってくるので，穏やかな表情で大人たちに甘える姿がみられる。しかし，そこに他児が介入して来ると友達にもスタッフにも攻撃的な言動に出る。注意を受けると部屋を飛び出し，スタッフに追いかけられて別室で個別に話し合いの時間となる。そのような場面が連日，繰り返されている。母親が迎えに来ると，素直に下校する。妹を乗せた自転車を押して歩く母親の後ろから歩調を合わせるように歩いて帰る姿からは，攻撃性も衝動性も感じられない。

　観察後に，スタッフリーダー（常勤）Jさんとのケース検討を行なう。筆者

からは，H君はこの場が大好きで来ていること，大人の対応がH君の問題行動の報酬となっているために減少しないこと，周囲の子どもたちはH君だけ特別扱いされていると捉えていること，など観察を通して感じられた点を伝える。

対応として，交代制の見守り（見張り？）をやめて，できる限る特定の大人がH君としっかりと向き合う存在となるよう提案する。また，トラブル後の個別的なかかわりも，H君にとってはだれにも邪魔されずに1対1で大人といられるご褒美の時間となっているので，注意の仕方の見直しを求める。

具体的には，すぐに禁止させることと，減らしたい行動とを区別して対応する。前者に対しては毅然とした態度で臨み，後者に関しては過剰に反応しない姿勢を，スタッフ全体で統一する。さらに，できていることや頑張った事柄は積極的に声に出して評価する重要性も併せて説明。この対応はH君に限らず，すべての子どもたちにも共通するものである。各人が大人に認められたり見守られたりしている安心感があれば，H君を特別扱いしているとの感じ方は減少する。

その後も経過報告を受けながら，6か月間で計3回の巡回相談を行なった。Jさんだけでなくほかのスタッフを交えての意見交換，質疑応答の機会も設ける。母親とJさんとの信頼関係も築かれ，情報の共有も計られるようになる一方で，Jさんが母親へ感情移入する傾向も見られるようになる。巻き込まれずに寄り添う姿勢でいることの必要性を伝えながら，保護者支援に関しても検討を重ねる。

5-1-3 援助の成果

H君を正面から受け止める役割は主にスタッフリーダーのJさんが担い，積極的に受け止める姿勢の中でも問題行動には毅然とした態度で臨む姿勢を貫く。個別の対応がご褒美にならないよう留意しながら，周囲の子どもたちに対しても1人ひとりが守られている感覚を意識できるようにする。

しかし，すべてをJさんに任せきりにするわけではなく，状況や前後関係などは共有を図り，スタッフ間で役割を分担する。ふり返りや見直しのための話し合いの機会を多くもつようになったことで，それまでバラバラだった対応にも統一感が生まれる。困った場面，不安に感じる点などもお互いに声に出す場

ができたことは，非常勤スタッフの安心感にもつながった。

　どの子に対しても，積極的にプラスの評価を伝えていくよう心がけたことで，子どもたちもお互いに優しさや思いやりを表現できるように変化している。スタッフたち大人に対する信頼感も高まり，それぞれが穏やかに過ごせる空間となっている。スタッフも，自然に子どもたちの良い点に目が向くようにもなる。H君を特別扱いしている，との声も少なくなる。

　H君は，徐々に大人とのかかわりから友達とのかかわりを求めるようになる。ルールを守らなくては一緒に遊べないことも身をもって体験する中で，ことばでの主張や交渉がみられるようになる。スタッフは，がまんしたり譲ったりできるようになった姿を通して，H君の成長を感じている。そして，1人ひとりの対応力とチームワークの高まりも実感している。

5-2　放課後児童子ども教室での援助事例

5-2-1　対象子ども教室の様子

　小学校内に設置されている放課後子ども教室，Kプラザ。

　放課後，教室からランドセルを背負って直接やってくる子は，保護者の参加了承印の押されたカードを提出する。1度，自宅に帰って身軽になってからやってくる子は，受付で参加手続きをする。登録制ではあるが参加するか否か，参加希望日時などを事前に申請する必要はない。学童クラブとは違って出欠確認はなく，利用時間も子どもと保護者との間で決定する。

　放課後子ども教室の性質上，日によって利用者数の差が大きく，メンバー構成は流動的である。指導者のリーダーは常勤者だが，遊びや学びを支援する他のスタッフは非常勤で地域の年輩の方々が中心となっている。スタッフもローテーション体制をとっているため，子どもと大人との組み合わせも日によって異なっている。

　このKプラザは，設置されている小学校内の特別支援学級に在籍する子どもたちが多く参加している。自然に学級の子どもたちが集まって過ごすので，放課後も学級の延長のような雰囲気もある。その中でも，宿題や家庭から持参した学習プリントに取り組む子，スタッフを相手にゲームを始める子などさまざまな過ごし方がある。しかし，しばらくすると支援学級内の子どもたちでトラ

ブルが発生。勉強している子にちょっかいを出して，逆に反撃を受ける。便乗して騒ぎ出す子。注意する指導者に対して笑顔でキックやパンチを繰り出す子。指導者は優しく笑顔で「止めようね」の声をかけるが，一向に収まる気配はない。

5-2-2　巡回相談の経過

　常勤の指導者への巡回相談では，主に環境面とかかわりの面の2つの事柄に関して助言を行なった。

　環境面の1つめは，室内の配置である。机をいくつか集めて周囲に椅子を巡らす形で勉強したり遊んだりする場所が6か所ある。そのために1か所の中に勉強している子もいれば遊んでいる子もいる。また，お互いが向き合うので言い争いも生じやすい。

　まずは，トラブルが生じやすいのであれば学習スペースと遊びのスペースの机を分けることを提案する。さらに，学習用の机は顔を向き合わせる配置だけでなく，壁に向かって横並びにする方法も考えられる。遊具類の入った棚の前は子どもたちの動きの多い場所であるにもかかわらず，いつも子どもたちがブロック遊びをする場所になっているなど，トラブルになるのが当然と思われる場面も見えてくる。子どもたちが自主的に創造的な時間を過ごす場であるが，同時に協調の場でもある。環境面からも，それぞれの子どもたちの活動を保障する手だては拡がる。

　環境面の2つめは，時計である。Kプラザの室内には小さな時計が1つしかく，文字盤には3, 6, 9, 12の数字だけが表示されている。子どもたちが自分で時間の管理を意識するためには，見やすい位置にわかりやすい時計が必要である。低学年や特別支援学級の子どもたちに時間を指示するには，1から12までの数字が表示されている時計の使用が望ましい。

　次に，かかわりの面である。指導者は子どもたちに対して威圧的，支配的とならないよう留意しているために，注意の際も優しい口調を心がけている。注意していることばの内容は「NO」であっても，表情や声の調子は「YES」となってしまうのである。相反する二重のメッセージを受け取った子どもたちは，どちらを受け入れるのか。特別支援学級在籍の子どもの中には，優しい口調で

長い説明を受ければ，内容を理解できずに終わってしまう子もいる。短くわかりやすいことばを使い，表情や声の調子も内容に即したものにしなければ，指示や注意も相手には届かない。

スタッフ間で，環境面やかかわり方などについて話し合う機会を増やすことも助言した。

5-2-3 援助の成果

非常勤のスタッフの方々も，単に子どもたちの遊び相手や安全の見守りだけが役割ではなく，子どもたちの育ちを援助する立場への意識が高まるようになる。スタッフ間での意見交換も活発になり，子どもたちがさらに充実した時間を過ごしている。放課後の時間の中で，地域の多くの大人に支えられながら子どもたちのやすらぎの場が展開されている。

放課後活動には，教育や保育の専門知識を備えている方が多く従事している一方で，子育て経験者や定年後の地域貢献のための従事者も少なくない。近年クローズアップされている発達障害や虐待などと関連するケースでは，従事者側も暗中模索の状態が続く。巡回相談の中では，障害の特性や子どもたちの心理状態を解説して，従事者の視点の拡大や深化を重要視している。自信が高まれば安心感も増し，結果的に子どもたちの豊かな放課後につながるのである。心理職の放課後支援は，従事者の笑顔づくりから始まる。

おわりに

多様な家庭，家族の形がある昨今，下校した子どもたちの「ただいま」に答える「お帰りなさい」は，当たり前の光景ではなくなってきている。個々の家庭や保護者だけでは答えきれない「お帰りなさい」を，放課後活動の姿で地域社会が担っているのかもしれない。学校と家庭と地域との間に位置する放課後活動の従事者は，先生と保護者の両方の視点が必要であり，さらには地域の大人の代表ともいえるだろう。そこには，計り知れないほどの責任を感じながら従事しているであろうことが容易に想像される。

地域の子どもは後に地域の大人となり，地域を支える存在となる。放課後活

動は地域への種まきの段階とたとえるならば，心理職は従事者が行なう豊かな土壌や環境づくりの後方支援といえるだろう。

　現実には，放課後活動に参加していない（参加できない）子どもや家庭の中に，援助の手を差し伸べる必要があるケースが埋もれている可能性は高い。筆者は，潜在化している問題を早期に発見して介入することが今後の課題であると感じている。心理職が地域コミュニティに根づくためには，専門的な視点を提供できる力とともに地域性を受け入れる柔軟な感覚にも磨きをかけていきたいものである。

引用・参考文献

厚生労働省社会・援護局　2012　児童福祉法の一部改正の概要について　http://www.mhlw.go.jp/bunya/shougaihoken/jiritsushien/dl/setdumeikai_0113_04
永田直子　2009　障害のある子どもの地域における放課後活動－保護者の立場から－　東京学芸大学特別支援教育研究会編　ジアース教育新社　『広げよう　放課後・休日活動－障害児が参加する放課後子どもプラン』　pp.19-23
奥住秀之　2009　障害のある子どもの放課後活動と発達　東京学芸大学特別支援教育研究会編　ジアース教育新社　『広げよう　放課後・休日活動－障害児が参加する放課後子どもプラン』　pp.15-18
社会福祉法人　東京都社会福祉協議会　2014　就学前からの学齢期までの連続した支援に向けて　都内の学童保育の状況－保育の内容・保育所との連携など－
下浦忠治　2007　放課後の居場所を考える－学童保育と「放課後子どもプラン」　岩波書店
東京都福祉保健局ＨＰ　http://www.fukusihoken.metro.tokyo.jp
宇佐川浩　2007　感覚と運動の高次化による発達臨床の実際　学苑社
全国学童保育連絡協議会（編）　2013　学童保育ハンドブック　改訂版　（株）ぎょうせい
全国学童保育連絡協議会2014「2014年5月1日現在の学童保育の実施状況調査結果」http://www2s.biglobe.ne.jp/Gakudou/

第4章
特別支援教育における心理臨床

平野敏恵

はじめに

　2007年度から特別支援教育が本格的に始まり，すべての学校で取り組みが進められてきた。外部の専門家が通常の学校に出向いてコンサルテーションを行なう巡回相談も各地で実施され，通常の学級でも，発達障害に関する知識や理解は相当進んできた。教室内の環境整備は着実に進み，効果的な支援についても多くの実践が積み重ねられてきている。

　しかしその一方で，子どもの表面上の行動や状態はわかるが，目の前の子どもをどのように理解して対応したらよいのかわからず，学級全体が不安定になっている場合もある。子どもの行動の背景要因を適切に理解しないと指導はうまくかみ合わず，発達障害のある子どもは，二次障害を起こして自尊感情が低下したり，他児とのトラブルが増えたりする。

　また，同じクラスには，不適切な養育環境で育った子どもたちや異なる習慣や文化の中で育った子どもなど，多様な背景をもつ子どもたちが，学習面，行動面，対人面で，発達障害に似たさまざまな困難を示しながら学習していることも多い。発達障害のある子どもは周りの影響を受けやすいため，こうした周りとの相互作用の中でますます複雑な様相を示していることがある。

　このような発達障害を含むさまざまな教育的ニーズをもつ子どもたちに対して，いまできる最も必要な支援をするためには，それぞれの実態を適確に把握し，行動の背景にある特性や環境を理解することが重要である。巡回相談では，さまざまな観点からアセスメントして，子どもたちに起きている問題のとらえ

方や背景について，コンサルテーションが行なわれる。子どもたちの抱えている困難さについて理解を深めていくことが，効果的な支援や指導につながっていくと思われる。

　筆者は，ある自治体に新しく設置された特別支援教育を推進するための部署の心理職として，2007年度から特別支援教育にかかわってきた。ここでの仕事は，従来のカウンセリングや心理療法のように，個人に対して直接的なアプローチを行なうよりも，幼稚園や学校（通常の学級）に出向いていって，コンサルテーションなどの間接的支援を行なうコミュニティ・アプローチにかかわることが多い。

　そのため心理学の基本的な知識と技法に加えて，特別支援教育のシステムや学校組織及び関連機関について一定の知識をもっていることが必要である。

　そこで，本章では，まず通常の学校で行なわれている特別支援教育のシステムについての概要を説明し，巡回相談などの学校コンサルテーションとコンサルテーションに活かす発達障害のアセスメントについて考えてみる。

　次に，幼稚園や小・中学校の通常学級で行なわれるコンサルテーションの実際と就学相談のシステムを紹介し，幼稚園－就学相談－学校の各段階における心理職の役割について考える。

　最後に，特別支援教育は推進から充実へと次のステージに移行しつつあるが，その中で，今後期待される心理職の役割についても考えたいと思う。

第1節　特別支援教育システム

　従来の特殊教育では，障害のある子どもの教育は，盲・ろう・養護学校及び特殊学級という特別の場で行なわれていた。しかし，特別支援教育では，新たに，通常学級に在籍する（ということは知的に遅れのない）発達障害のある子どもたちも支援の対象となった。

　つまり，これからの障害児教育は，障害児教育の専門家が特別な場で行なうだけではなく，すべての教師がすべての学校で，子どもの障害とそれに関する特性を把握して，個々の子どものニーズに合わせた適切な教育を行なうこととなったのである。

それぞれの教師は熱心で，子どものことを考えながら教育実践をしている。しかし，この取り組みを1人の教師の努力だけで行なうことはとうていむずかしい。学校全体でチームとして取り組むことが大切である。この「チームアプローチ」が，特別支援教育の大きな特徴であり，それを支えるために校内支援システムがつくられた。そしてその校内システムをさらに学校外部からも支援しようとするシステムが専門家チームや専門家による巡回相談である。

巡回相談等で学校現場に行きコンサルテーションに臨むときには，学校がシステムとしてどのような機能をしているのかを知っておくことは必要であるし，そのシステムと調和を図りながら活動することが大事であると考える。まず，現在の特別支援教育システムの概要について整理する。

1-1 校内支援システム

1-1-1 校内委員会の設置

支援が必要な子どもに早期に気づいて情報を収集・整理し，実態把握票や個別指導計画（IEP）を作成する。巡回相談の助言内容についても校内委員会を通して全職員に報告され，共通理解が図られる。メンバー構成は学校の実情に応じて異なるが，主なメンバーは，校長，副校長，特別支援教育コーディネーター，生活指導主任，教育相談担当者，養護教諭，担任，学年主任，スクールカウンセラー（以下SCと略す）等である。

1-1-2 特別支援教育コーディネーター

特別支援教育推進のキーパーソンで，主な役割は校内委員会の企画・運営と関係機関や保護者との連絡・相談窓口である。校務分掌（校内の業務分担）として校長が指名する。最近は2人以上の複数体制にしている学校が増えてきた。

1-1-3 個別指導計画（IEP）

障害のある子どもに応じた教育をするための指導計画で，校内委員会で作成する。変化が苦手な発達障害のある子どもにとって，担任や担当教師が変わっても一貫した指導・支援が受けられることの意味は大きい。立案には知能検査を含む心理アセスメントが必要不可欠である。また，1度作成したIEPは巡回

相談の内容を受けて見直し，より実効性の高い子どものニーズに応じた計画にしていく。保護者とともに作成することで，子どもの実態について共通理解を図ることができる。

1-1-4 個別の教育支援計画

乳幼児から学校卒業後までの長期的な計画で，一貫した適確な教育的支援を行なうことをめざす。教育だけではなく，医療・福祉・労働等に関する事項が記入される。

1-2 校内体制への支援システム

校内支援体制を外部から支援するためのシステムである。

1-2-1 専門家チーム

教育委員会に設置する。発達障害があるか否かの判断や教育的対応について，専門的意見や助言をする。メンバーは医師，学識経験者，心理職，教育委員会職員，教育関係者等から構成されている。

1-2-2 巡回相談

巡回相談とは，幼稚園，小・中学校に直接出向き，対象の子どもの教育的ニーズを把握して，望ましい指導や支援方法，支援体制，個別指導計画，保護者や関係機関との連携等について助言する学校コンサルテーションである。医師，心理学・教育学の専門家，専門的な知識や技能を有する教師など，さまざまな専門家が巡回相談にあたり，自治体の実情により実施形態は多様である（外部の単独の専門家が巡回相談をする自治体と，専門家によるチームが編成されて巡回相談をする自治体がある。また，巡回相談内で心理検査を実施するか否かも自治体により異なる）。

1-2-3 特別支援教育支援員

自治体によって名称や求められる資格要件（教員免許取得の有無等）が異なり支援内容や方法も違うが，一般には，担任教師などの指示で発達障害のある

児童生徒への支援や担任の指導補助を行なう。取り出し指導，教室内でのティームティーチング（TT）等を行なうことも多い。直接子どもにかかわるため研修が行なわれる。心理職も講師としてかかわり，学校での実際の支援を観察して助言することもある。

第2節　特別支援教育におけるアセスメント

アセスメントは，その目的によって内容も最適な方法も大きく異なる。ここでは特別支援教育におけるアセスメントについて，コンサルテーションに活かすための視点から述べる。

2-1　特別支援教育のアセスメントとは

特別支援教育における発達障害のアセスメントとは，あくまで適切な教育や効果的な支援を行なうために実施するもので，結果の評価だけではない。①子どもの実態をさまざまな観点から把握して，教育的ニーズを明らかにし，②子どもの状態が障害に該当するかどうか，特別な支援が必要かどうかの検討と教育的判断を行ない，③教育的な支援や対応を考えていく，その一連の取り組みのことである。したがって，心理職が実施する心理検査のみではなく，学校内（校内委員会）で行なわれる実態把握もアセスメントの一部と言える。

各学校で特別な支援が必要と思われる「気になる子ども」についての実態把握票は，かなり詳細に作成されるようになった。巡回相談では，対象の子どもの基本的な資料として準備され，当日協議・検討された内容などを加えてさらに実態把握票が更新されていく。実態把握というアセスメントは，コンサルタントとコンサルティの協同作業である。また，実態把握票を作成することで，子どもの特徴と課題が整理でき，個別指導計画を作成する際に活用しやすいよう工夫されている。

実態把握票の内容は，①学校名，学年，クラス，生年月日，担任名等，②関係機関の情報（医療機関名・診断名，服薬，通級指導の利用状況・他機関の利用状況［療育機関，相談機関等］，実施した心理検査），③学級担任として気になること，④学校での様子（学習面・生活面・行動面・対人関係・こだわり

等），⑤家庭や地域，学童での様子　⑥家庭環境，家族状況，生育歴，⑦保護者の思いや意向，などが記載される。

2-2　アセスメントの方法

　アセスメントの方法は，①面接法，②行動観察法，③心理検査法，に整理できる。

　①面接法は，本人や保護者と面接して直接聞き取る方法である。生育歴や家庭・生活環境などの情報を収集する方法として有効である。

　②観察法は，自然な状態を観察する場合と関与しながら観察する場合がある。子どもの状態や場の状況によって最適な方法を選ぶ。

　③心理検査法は，知的発達の水準や認知の特徴を把握するために行なう。検査場面は構成化された観察・面接場面でもあり，検査時の行動や答え方，課題解決の方略等を観察しておくと特性把握に役立つ。また，心理検査はできないところを見るものではなく，最大量のパフォーマンスを見るためのものであるため，子どもがもっている力を十分発揮できるようにラポールを形成したり，検査環境に配慮したりすることも大切である。実施にあたっては事前に本人や保護者に対して検査の必要性，目的，方法を説明し，同意を得ること（インフォームド・コンセント）が必要である。検査報告書を保護者に手渡すケースが多い心理検査の結果は，保護者にわかりやすく平易な言葉で説明する必要がある。標準化された個別式の知能検査（WISC-IV，田中ビネー知能検査，K-ABCⅡ）や発達検査（K式発達検査）と，その他の検査（PFスタディ，S-M社会生活能力検査，人物画知能検査［DAM］，視知覚検査，語彙発達検査等）でテストバッテリーを組み実施する場合が多い。

　検査時の行動や答え方，課題解決の方略等の観察が特性把握に役立つ。各検査の実施方法や分析に習熟しておくことは当然であるが，統計的な知識をふまえたうえで，その検査の効用と限界についても十分理解しておくことが肝要である。

　知能指数については何かと物議を醸す。たとえば，心理職以外の専門家の会合の中で，ある判断の基準をIQの数字で行なおうという話題が出ることもある。このような場合は，IQについて簡単に説明したり，同じIQでも単純比較はで

きないことや個人内差と個人間差，プロフィール，あるいは信頼区間やパーセンタイル順位など，統計的な意味について解説したりして，総合的に判断することが重要であることを理解してもらう必要がある。また，数字が誤解されないようにしなければならない。「IQも100が満点だと思っていた」という話が出て驚くことがあるのも現実である。

2-3 アセスメントの対象

現在の障害概念はWHOのICF（2001）が示しているように，障害は「個人因子」だけでなく「環境因子」との相互作用の中に存在し，「活動」や「参加」を制限しているととらえる。したがって，アセスメントについても，子ども自身の障害特性だけでなく，子どもが幼稚園・学校，家庭や地域の中で毎日どのように生活しているのか，周りの人とどのようにかかわっているのか，それらの情報とその意味について考え解釈しながら総合的に捉えることが大切である。

2-3-1 子ども自身

(a) **知能・認知機能**：発達障害のある子どものアセスメントでは，知的発達の水準や認知機能の特性を把握することは指導や支援を考えるうえで必要不可欠で，標準化された心理検査を実施する。行動観察場面でのアセスメントでは，発達状況と暦年齢とのギャップ，視覚認知と聴覚認知の使い方などを把握する。

(b) **学習面**：学習は学校の主な活動であり，授業がわからない状態が続くと学校生活全体に大きく影響を及ぼす。行動上の課題も実は学習がわからないから生じているということが少なくない。

発達障害のある子どもは，認知発達の偏りから学習につまずきやすい。聞く，話す，読む，書く，計算する，推論するができているか観察する。課題に対する得意・不得意や提示の仕方による取り組み方の違いなどを詳細に観察すると，認知の特徴を見立てることができる。

さらに，学力検査等の結果から各教科の学習到達度やつまずきの特徴を把握しておく。宿題等の学習習慣や好奇心と意欲などについても整理しておくとよい。

> **事例1** 継次処理が苦手なA君（小学1年・男子）

　巡回相談で1年生の国語（漢字の書き取り）の授業を観察。漢字の空書き場面で担任の号令に合わせて子どもたちも「いち，に，さん」と言いながら一斉に空書きをする中で，A君だけ手の動きが違う。書き順がでたらめである。ノートを見ると，なぞり書きはできている。

　担任にA君の様子を聞くと，「漢字の筆順はいつもでたらめで，まるで絵を描くように書く。反面むずかしい漢字が読める」とのことであった。物事を順序立てて捉える継次処理よりも全体的・空間的に捉える同時処理のほうが得意なタイプだと思われる。筆順の正確さを求めすぎるとつらいかもしれない。

(c) **運動面**：発達障害のある子どもたちは体の動きがぎこちないことが多い。粗大運動（上下肢を使った全体の動き）と微細運動（手指の動き，巧緻性），全身の協調運動（縄跳びやボール投げ等）についての情報を把握する。また，座位姿勢についても観察しておく。

(d) **対人面・社会性**：対人面・社会性で困難を抱えている子どもは多く，トラブルも起きやすい。対人面では，そもそも人への関心が薄い場合と関心はあっても，一方的，感情のコントロールがうまくいかないといったケースがある。友人，教師，家族との対人関係におけるエピソードと休み時間の過ごし方，クラブ活動などの様子から特性を把握する。言葉の使い方や語用の問題も確認しておく。

(e) **行動面・生活面**：整理整頓ができない，忘れ物が多い，離席，離脱する，気が散りやすい，ボーッとする，切り替えができない，多動・多弁などさまざまな行動が問題となる。どういう時におきるのか，チェック表で行動の記録をとると要因がわかりやすくなる。

(f) **健康面・感覚面**：身体的な訴えや健康面の状況。発達障害のある子どもの中には感覚の過敏性・鈍感性をもつ子が多く，適応に苦慮している場合も多い。感覚過敏の例としては次のようなことがある。

　・聴覚過敏（大きな音や一定の周波数の音への過敏性）：掃除機やハンドドライヤーの音，トイレの水を流す音を極端に嫌がる。通常聞こえない遠く

の雷の音やジェット機の音などに気づき怖がる。
- 触覚過敏：感触に対する極端な好悪，痛みに対する過敏と鈍感。温度に関係なく厚着・薄着。
- 視覚過敏：蛍光灯のチラツキに過敏に反応，蛍光灯を嫌がる。
- 味覚過敏：牛乳，ジュース等飲める銘柄が決まっている。白いご飯や食パンしか食べないなど偏食が極端。
- 嗅覚過敏：臭いに過敏。なんでも臭いを嗅ぎたがる。苦手な臭いがあると吐く。

　感覚過敏については，本人は気づかず，保護者からの聞き取りやエピソードからわかることが多い。背景に感覚過敏があるかもしれないと注意しながら行動観察することが大切である。また，感覚過敏は幼いころのほうが出やすいため，幼少期の情報も欠かせない。感覚の問題は基本的には周りの環境を整える工夫が必要である。

事例2　嗅覚過敏；音楽室を嫌がるＢ君　小1男子

　音楽室に行くと，いつもカーテンにぐるぐる巻きになって出てこないＢ君。理由を聞いても「嫌だ」と言うだけでわからない。担任は聴覚過敏を疑ったが，音とは関係なさそうである。しばらくして，古い音楽室に染みついた独特の臭いが嫌でカーテンにくるまってじっと我慢していたことがわかった。

　その後，音楽室ではなく，別の部屋を使うことにしたら問題なく参加できるようになった。

2-3-2　子どもを取り巻く環境

　子どもを取り巻く学校，家庭，地域のアセスメントも欠かせない。発達障害のある子どもは周りの環境に影響されやすい。環境を整えて保護的な状況をつくることが重要な場合も多い。あるいは，環境の中に，子どもの状況改善に利用できるリソースが見つかることもある。学校や学級の雰囲気，担任の特性，授業の進め方，座席の位置，支援体制等の情報の把握もしておく。

　また，家庭が子どもにとって安らげる居場所になっているか，子どもを育てる機能を果たしているかの視点から，保護者とのかかわり，きょうだい間葛藤，

家族の問題解決のスタイル,住宅事情や家族構成等の情報を把握する。その他,学童,放課後広場,地域で所属している団体(たとえばスポーツクラブ),親戚,近所の人,塾や習い事といった情報を把握できるとよい。

いつどんな状況でどのような手だてがあれば問題を起こさないのか,どのように援助すればつまずかないのかといった肯定的情報も同時に集めることが大切である。それが,必要な支援や将来の行動の予測につながる。

事例3　座席が変わって落ち着きを見せたC君　　小6男子

　C君とD君は何かとトラブルが絶えず,何度か激しい喧嘩になったことがある。C君とD君の席は教室の両端で離れていたが,授業中に突然大声で言い争いを始め授業が中断されることが多かった。そこで,席替えを行ない,C君の前には参照できるモデルとなる男子,両脇には親切な女子,後ろには物事に動じない背の高い男子を配置し,その列の後方にD君の席を配置して,互いに姿が見えない席にした。それぞれの課題はまだ多いものの,授業中のバトルはほとんど見られなくなり,クラスが落ち着いてきた。

　座席については,学級内でいろいろな工夫が見られる。しかし落ち着きのない子どもや一斉指示だけでは取りかかれない子どもが複数いたりすると,前列に置きたい子どもばかりになり,うまくいかないことも多いようである。

　C君はADHDの診断があり,見た物に反応しやすく,感情のコントロールが苦手である。D君は家庭環境の難しさがあり,他児を見下したような言い方をし,すぐカッとなるといった行動が目立つ。共に刺激に対して被影響性が高い。それまでも席は離れていたが,互いに目につきやすい位置であったため効果はなかった。席替えで互いの姿が目に入らない席にしたことで一定の落ち着きが見られた。周りの人的環境の調整例である。

事例4　落ち着きなく,周りに威嚇的になるE君　　中1男子

「授業中,勝手に発言したり,周りに授業と関係ない話をしかけたりして授業に集中しない。自分より弱い級友に威嚇的な態度をとったり,些細なことで言いがかりをつけたり,トラブルメーカーになっており困っている」と巡回相談で相談にあがった。

休み時間の観察でも、級友に対して強い口調で文句を言っていた。一方、教室後ろに掲示されている個々の「学期の目標」を見ると、自分の学習や運動の目標を整った小さな字で書いており文章も適切であった。行動とのギャップが大きく、背景にはE君の自信のなさがうかがわれた。協議の中で、数人の教師から提供された断片的な情報をまとめると、地域スポーツクラブに所属しており、以前は活躍していたが、最近は目立たない存在で試合に出ることもない。クラブではおとなしい存在らしい、という状況がわかった。対応について協議し、クラス担任を中心に、E君が学校（クラス）で居場所を感じられるような役割と活躍できる機会を与えて、積極的に認めていくこととなった。

この例は発達障害というより、スポーツクラブでの挫折感から学校での適応にも問題が出てきたという心理的要因が大きいと思われたが、巡回相談に上がったことで教師間の共通認識ができ早期に基本的な方向づけができた。周りの教師の積極的肯定的な声かけもあり、行動が改善されたと報告があった。

発達障害のある子どものアセスメントにはさまざまな内容と方法があるが、当然、このプロセスのすべてを1人で行なうわけではなく、短期間にすべてが揃うわけでもない。校内委員会で実態把握をし、心理検査結果や巡回相談のアセスメント内容を加えて修正を施すようなチームでの取り組みが大切である。

第3節　巡回相談と学校（園）コンサルテーション

巡回相談で行なわれる学校コンサルテーションとは次のような特徴をもつ。

3-1　学校（園）現場を訪問して行なう

以前のコンサルテーションは、コンサルティが相談室や病院などコンサルタントのもとを訪れ、助言を受けるという形で行なわれることが多かった。筆者も、クリニックでカウンセリングをしていたときに、担任にコンサルテーションを行なうことがあったが、カウンセリングと同じく、クリニックがコンサルテーションの場であった。

しかし、子どもが多くの時間を過ごし、実際困難が生じている学校現場で行

なうほうが，学校や地域の状況や雰囲気もわかりやすく，教師や子どもたちの様子を直接把握しやすい。巡回相談は現場を訪問して行なうコンサルテーションである。

3-2 子どもを理解する視点を共有する

　実際の授業や休み時間を観察して，子どもの行動を担任や他児との関係の中で見ていくと，その行動の理由（行動の背景要因）が推定されることが多い。発達障害の特性と具体的な行動の特徴を結びつけて説明し，子どもをどう理解したらよいかについて教師と協議しながら共有する。How-Toではなく子どもをどう理解するかという視点を共有することが学校コンサルテーションの基本である。そしてこれが有効な支援や指導を考えていくときのヒントとなる。

事例5　イマジネーションが苦手なF君　小4男子

　掃除の時間，机は運ばず椅子ばかりを運ぶので，みんなから「F君ずるい！椅子ばかり運んで！」と責められている。話を聞くと，「ぼくはずるくなんかない。"ずるい"というのは掃除をさぼることなのに」と言う。

　F君は全体的な知的水準も学力も高いが，イマジネーションの弱さがある。決められたルール（掃除をさぼらずにやる）はきちんと守るが，言われていないルールを想像したり，その場でルールを察知したりするのはむずかしい。「机は重くて運びにくいよね。椅子は軽いし運びやすいしね。机ばかり運ぶ人は大変だから，机と椅子と交互に運ぼうね」と具体的に教えるとよく理解できただろう。

　担任に今までのエピソードを話してもらうと，友だちとのトラブルがいろいろ出てきた。人の気持ちを推し量ったり，周りの言動を適切に理解して上手に自己表現したりすることはむずかしいため，「自分勝手やわがまま」と誤解されやすい。周りが思う以上に傷ついて不適応感を強めやすいことを説明すると，担任は友だちとのトラブルの原因は，F君の頑固な性格のためだろうと思っていたが，そうでないことを了解した。F君が理解しているか確かめながら，「さっきのはこういう意味だよ」と具体的に教えることにすると語った。

3-3 教師個人ではなく学校全体の組織に対して実施する

　特別支援教育はチームとして機能している。担任への助言であっても，コンサルテーションの内容は，校内委員会を通して全職員に報告され，学校全体で共通理解され指導・支援に反映される。コンサルテーションでの助言がそのままの形で実践されるのではなく，実際にどう実践するかは助言を参考にして校内委員会で決定されていく。コンサルタントと教師はお互いに専門性を尊重しながら協働して問題解決に取り組んでいくのである。また，学級を超えてチームとして機能するためには，「教師の力量（指導力）の問題」にしないことが大切である。

　上記の事例5は，その後，校内委員会でコーディネーターから全教員に報告された。それを聞いて，数人の担任から，「うちのクラスにも同じタイプの子どもがいる」と話が出て，困っていることと対応したことがいろいろ出され共有できたという。

第4節　特別支援教育担当部署の心理職の役割

　ある自治体での特別支援教育担当部署の心理職の仕事を例にとり，その役割について考えてみる。心理職の仕事といっても，関係機関との連絡調整をはじめ，事務局としての仕事も多いが，ここでは心理関係の仕事のみを取り上げている。

　発達障害のある子どもたちへの支援は，ライフステージによって変化し，それを支える心理職の役割も変化していく。次のステージを見通した，早期からの切れ目のない支援が必要である。

4-1　就学前段階における役割（幼稚園援助）

　就学前段階の発達障害のある子どもの支援において，心理職に求められる役割は，①障害の適確な把握，②幼稚園での指導や支援方法に関すること，③保護者や家族への支援に関すること，④就学相談に関すること，⑤療育機関・相談機関，医療機関等についての情報提供，⑥就学への移行支援に関することな

ど多岐にわたっている。

　心理職は専門家による支援チームの巡回相談に同行するほか，単独で幼稚園訪問（幼稚園の要請を受けて行なう）し，上記の内容についてコンサルテーションをすることもある。

　幼稚園は発達障害だけでなく他の障害のある子どもも共に生活している。これらの子どもたちは，法令に基づいた1歳半健診や3歳児健診等により，何らかの療育機関や医療機関に通っていることが多い。その場合は，関係している機関や家庭が同じ方向性をもって子どもに対応することが大切であるため，保護者を介して関係する機関同士が連携をとることが重要となる。方向性を確認したうえで，具体的な支援方法についても助言する。

　一方，入園後に集団の保育が大変だとわかったケースで，どこの専門機関にも通っていない場合は，具体的な支援方法についてだけではなく，保護者に子どもの状態をどのように伝え，共通認識をもってもらうか，どのように外部の支援や就学相談につないでいくかについて相談されることも多い。焦って保護者に伝えようとしても信頼関係を損なうことになりかねない。幼稚園で工夫してうまくいったことを具体的にたくさん伝えたうえで，まだうまくいかない課題についても1つずつ伝えていくことが現状認識につながるという話をすることもよくある。支援をしてうまくいった話を何度も聞いていくうちに支援が必要であることを無理なく理解してもらえることが多い。早期に気づき，早期から対応していくことが何より大切と思われる。

　自由遊びの場面を関与しながら観察したり，設定保育場面を観察したりする。また，その際，日ごろよく使っている発達検査等を頭に置きながら観察すると発達の様子がよりわかりやすい。

　次の事例は幼稚園訪問をして，担任にコンサルテーションを実施したものである。観察前に担任から対象幼児について説明を受け，保育観察をしたあと協議を行なった。

事例6　絵が描けなかったG君　幼稚園年長

　G君は「車に強い興味・関心があり，1人で描く絵も車ばかりである。初めての経験や，予定が変更されると固まってしまう。先週，遠足にいき，翌日，

遠足の絵を描かせたが，G君は何度促しても何も描かない」という担任からの相談であった。

　工作の場面を観察したが，ハサミも上手に使っており，手先の巧緻性に大きな問題はなさそうであった。片づけも決められた場所に正しく戻していた。その後，車の絵本を読んでいたが，ひらがなはすらすら読めるようであった。

　G君はそれまでのエピソードや観察から興味の偏りやイマジネーションの弱さがうかがわれた。経験が頭の中で時系列に整理されていない可能性も考えられた。遠足で経験したことを，順を追って担任がG君に質問しながら話を聞いていくと，G君の中で遠足の経験がまとまるかもしれない。そうすれば描きたい場面が出てくるだろうと助言した。

　また，片づけ箱に示された絵はとてもわかりやすい有効な支援ツールになっていることを取り上げると，「なかなか片づけができなかったが，絵を貼ってからそのとおりにできるようになった」ことが担任から報告された。そこで，初めての経験や，予定の変更を嫌がるのも，見えないことを想像するイマジネーションが弱いことからきていると思われるため，やるべきことやスケジュールを絵や文字を活用して見えるように示すとよいだろうと助言した。

　訪問相談終了後，早速園内委員会を開き，助言について共有し対応について検討された。「写真を見せながら質問して話を聞いたほうがよいのではないか」ということになった。担任が一緒に写真を見ながら遠足を振り返ったところ，一気に描き上げて驚いたと報告があった。また，このことをきっかけに母と面談を重ね，今後の支援や配慮したいことについて話し合った。

　その後，G君は就学相談を受け，通級指導学級を利用しながら元気に小学校に通っている。このケースは，助言を受けて園内委員会で話し合い，G君のニーズに合ったよりよい方法を検討して実践された。主体的に取り組んだ経験が担任の自信になり，その後の支援にもつながっていった。

　幼稚園では就学相談を受けていない子どものために「就学支援シート」の活用と移行支援についての説明をすることも多い。就学支援シートは，特別な支援や配慮が必要な子どもが小学校へスムーズに移行できるように作成されるもので，保護者が関係機関の協力を得て作成し，小学校に提出する。保護者の思

いや子どもの様子，いままで受けていた指導・支援等が小学校に引き継がれる。小学校ではシートをもとに管理職が保護者と話し合い，子どもが円滑に学校生活のスタートができるように配慮していく。

4-2　就学相談における役割

　就学相談は，子どもの心身の状態や発達段階，障害の特性などに応じて，適切な教育を受けることができるように行なうもので，保護者からの申し込みによって相談が始まる。保護者の申し込みがなければ，就学相談は当然行なわれない。

　子どもにとって最も適切な指導や支援を受けることができるか，学習や生活面で十分な成長が期待できるかという視点で検討される。就学先については，本人や保護者の意向を十分に聞き取り，就学支援委員会において検討され委員会としての判断が出される。もちろん就学先を強制するものではなく，決定するのはあくまで保護者である。

　就学支援委員会は，心理学，医学，教育学，福祉学等の専門的知識や経験をもつ委員で構成されている。心理職は最初の受付けから就学先が決まるまでの相談プロセスに関与しているが，心理検査や行動観察等を含む総合的アセスメントの実施と就学支援委員としての仕事が主である。子どものこれからの人生に大きくかかわることであり，慎重で親身な相談が重要である。そのためには子どもの知的発達水準や特性を適確にアセスメントできることはもちろんであるが，就学先についての十分な知識と理解が必要である。

　就学相談で検討される就学先は，次のとおりである。

(a) **特別支援学校**：従来の盲・ろう・養護学校が2007年度から特別支援学校としてスタートし，複数の障害に対応する学校を設置できるように変わっている。

(b) **特別支援学級（固定級）**：障害種別の学級で，通常の学級では十分な教育効果を得ることがむずかしい子どもに対し，少人数できめ細かな教育を行なうために設置されている。

(c) **通級指導学級**：通常学級での学習におおむね参加できる軽度の障害の場合

第4章　特別支援教育における心理臨床

に指導を受ける。特別支援教育が始まり通級指導学級の利用者は，年々増加し，新学級の増設だけでは対応しきれないことや通級へ移動するための負担軽減のために，すべての小学校に特別支援教室を設置し，教師が巡回して指導を行なう新たな特別支援教室構想が準備されている。子どもの負担が少なく，より適切な体制での指導を受けやすくなるとの期待が大きい。就学相談の流れを図4-1に示した。

就学相談で実施する心理検査は，WISC-Ⅳ，田中ビネー知能検査，K式発達検査のいずれかと人物画知能検査（DAM），絵画語い発達検査（PVT-R），

 ① 就学相談の受付け　保護者からの電話で受付け
子どもの心理検査と保護者の面接日を予約

 ② 在籍園・在籍校等訪問　相談員が在籍園・学校を訪問し様子を観察

 ③ 実態把握票への記入依頼　実態把握票への記入を在籍園・学校に依頼

 ④ 子どもの心理検査と保護者面接　心理職が子どもの知能検査等を実施してアセスメントし，相談員が保護者面接して生育歴と今までの様子を聞き取る

 ⑤ 心理検査結果のフィードバック　実施した心理検査結果について保護者へフィードバック

 ⑥ 医師の診察　専門医師が診察

 ⑦ 行動観察・就学支援委員会　少人数グループによる構造化された場面での観察
観察後，資料と当日の活動の様子等を総合的に検討し，就学支援委員会としての所見を提出

⑧ 体験入級　希望があれば特別支援学級または特別支援学校への体験入級を行なう

図4-1　就学相談の流れ

S-M社会生活能力検査などの中からいくつかを選んでテストバッテリーを組むことが多い（心理アセスメントについては第2節を参照）。

　実施した心理検査の結果は面接をして，保護者にフィードバックする。結果の数字や意味についてもできるだけ平易な言葉で説明し，結果報告書を手渡す。この面接は，単に検査結果を伝えるだけでなく，保護者への大切なコンサルテーションの場である。育てにくい子どもを目の前に自信をなくしていたり，仕方がないとあきらめたり，周りを攻撃的に責めたりと不安定な情緒で過ごしていないか等に心を配りながら日ごろ困っていることについて具体的に聞き，検査結果とつきあわせながら，子どもの行動の予測や特性に応じた対応について助言を行なう。また，就学までにやっておきたいことや移行の際に気をつけることも保護者と一緒に考え，具体的に助言していく。

　発達障害のある子どもたちは新しい環境に慣れるのが苦手である。小学校という新しい場にスムーズに適応できるかどうかは，子どもの将来にも大きく影響を及ぼしかねないため，新就学に向けての相談は一層ていねいに取り組む必要がある。学校教育法施行規則が平成25年9月1日に改正され，早期から教育相談といったものを通じて障害のある子どもの保護者へ十分な情報提供をし，一貫した支援を行なっていくことが重要であると指摘された。

　今後，関係機関と連携をすすめ，早期からの支援を就学期に引き継ぐための移行支援がますます必要になると思われる。

　また，子どもは日々成長し変わっていく。就学相談後も，子どもが学校に適応できているか，なんらかのつまずきはないか，あるいは，大きな成長変化はないかなど，就学後も継続的に経過観察し，必要に応じて，学校や保護者との相談等を行なっていくことが重要である。その際のアセスメントや相談における心理職の役割はますます拡大していくものと思われる。

4-3　学校支援における役割

　学校支援に関する心理職の役割の大きな柱は，専門家による支援チームの巡回相談と特別支援教育支援員の派遣に関することである。巡回相談で協議された内容に関連して，その後のアセスメントの進め方や支援の方向についての質問が寄せられることもある。通級指導学級の利用，支援員の活用，また，就学

相談の案内，医療機関への案内，教育相談への紹介，子ども家庭支援センターの紹介，スクールソーシャルワーカー（以下，SSW）への紹介などが考えられる。心理職にはケースワーク的な視点も求められる。

4-3-1 専門家による支援チームの巡回相談（学校コンサルテーション）

　専門家による支援チームは，医師あるいは学識経験者（心理学，教育学，障害福祉学等）をチーフアドバイザーとし，その他に心理職，教育委員会職員の中から2～5人程度で編成される。幼稚園，小・中学校（通常学級）を巡回し，発達障害のある子どもなどへの適切な指導方法や校内指導体制等についてコンサルテーションを行なう。年度初めに，各専門家の専門分野と相談の継続性を考慮して，学校ごとに担当の専門家が決まり，年間3回（学期に1回），1回あたり3時間で実施するが，3回のうちの1回を校内研修会として活用する学校も多い。

　中学校では，それぞれの教科で子どもたちの様子が大きく異なることがある。その場面による差が子どもの特性をよく表わしていることがある。違いを把握しておくことが，その後の対応を考えるうえで役立つことは多い。校内委員会で各教科の学習状況や達成度，授業中の様子などについて情報を集めて実態把握し，必要な支援につなぐことが大切である。

4-3-2 専門家による支援チームの巡回相談の流れ

　図4-2に巡回相談と学校コンサルテーションの一般的な流れを示している。

(a) **事前準備**：学校の事前準備としては，①校内委員会において巡回相談の対象児を検討して絞る。1回に3～4名のことが多いが，クラス全体の場合もある。②対象児の情報を収集・整理して，実態把握票を作成・更新する。準備しておくものは実態把握票，心理検査結果（実施していれば），観察する学級全員の座席表，作品，作文，ノート，学習状況がわかる資料等である。

(b) **当日の流れ**：当日は，③まず，前回の巡回相談後からの取り組みについて報告する。次に今回の対象児の状況について事前説明を受ける。学校が相談したい項目について確認しておくと，学校の問題意識もわかり後の行動観察において，どこに観点を絞って見るかを考えるうえで役立つ。④授業中や休

み時間の様子を（幼稚園は自由時間と設定時間）観察する。関与観察をいれることもあるが，いつもどおりの授業や保育を観察するほうが多い。時間も場面も限られるため，たとえば次のようなポイントを自分の中にもって観察するとよい。

・授業に参加しているか，一斉指示で取り組んでいるか
・座り方，姿勢の保持はできるか
・授業中，注意を向けてやれている時とやれていない時はどういう時か（その違いの意味を分析）
・注意はどこではずれたか
・興味関心のもち方，得意なことと苦手なことは何か

事前準備
① 校内委員会で巡回相談の対象児を絞る
↓
② 実態把握票の作成・更新

当日の流れ
↓
③ 事前報告：前回の巡回相談後の取り組みの報告と今回の観察対象児の状況についての説明
↓
④ 観察：授業・休み時間等の観察
↓
⑤ 協議：専門家と学校が意見を出し合ってアセスメントし望ましい支援方法等について検討

終了後
↓
⑥ 協議内容を全教職員へ周知し共通理解を図る
　 個別指導計画の見直しと教育実践

図4-2　巡回相談の流れ

- 教室での談話や友達との相互作用の過程（関係性を分析）
- 書字や音読などへの取り組み等
- 机の中や周辺の整頓の状況

　また，教室内や廊下の掲示物は，書字や文章力，空間認知，興味・関心や心理面などさまざまな情報を与えてくれるため見逃せない。
　観察後に⑤協議を行なう。協議では，校長，副校長，担任，関係教師，特別支援教育コーディネーター等と，観察の様子や心理検査結果，実態把握票の内容をもとに互いに意見を出し合い検討する。子どもの教育的ニーズを明らかにするために発達と障害特性について仮説を立てながらアセスメントし，望ましい指導方法や支援方法についても意見を出し合いながらコンサルテーションを行なう。
　療育や進級，教育相談の利用，就学相談や転学相談等が必要と考えられる場合は，それらについての情報提供と案内をし，他機関へのつなぎ方についての助言も行なう。また，対象児以外で気になる子どもについても仮の見立てを伝え，今後の支援に向けての方向づけを行なう。

(c) **終了後**：巡回相談終了後は，⑥校内委員会を通して協議内容を全教職員に周知し，子ども理解についての共通認識を図る。巡回相談で行なわれた見立てや助言をもとに，校内委員会において，個別指導計画（IEP）を作成したり（Plan：計画），見直したり（Check：評価），さらに新たな目標を加えたり（Action：改善）しながら，より実効性のある個別指導計画にしていく。そして，それをもとに子どもへの適切な指導と必要な支援を学校全体で展開していく（Do：実行）。PDCAサイクルの中に巡回相談を活かすことが，よりよい継続的指導・支援につながっていくと思われる。
　次の事例は，ある中学校での巡回相談例である。
　中学校では教科ごとに担当教師が変わるため，いっそう校内の連携が必要となる。その中で，校内委員会を定期的に開き各教科の学習状況や達成度，授業中の様子などについて情報を集めて実態把握し必要な支援につなげている学校もある。

事例7　チームアプローチの支援　Z中学

　〇年10月△日13:30～16:30　2学期の専門家による支援チームの巡回相談が行なわれた。支援チームは，チーフ（心理学科大学教授），心理職，教育相談員の3名である。

(a)　校長室において事前打ち合わせをする。コーディネーターから対象生徒の状況について簡単に説明を受け，観察の流れについて確認する。

　　対象生徒は1年1組（H君を中心にクラス全体），資料として生徒の①実態把握票②生徒理解に関するチェックリスト③個別指導計画（IEP）④教科ごとの取り組み状況と成績，教科担当教師から見た様子などがまとめられた学習状況の把握票⑤全員の座席表，が準備されていた。

(b)　観察：校長，コーディネーター，SCとともに授業中（数学と国語）と休み時間を観察する。

(c)　協議：校長，副校長，コーディネーター，学年主任，担任，SCと支援チームで意見を出し合いながら検討した。

　①　校内での状況については，次のようであった。H君は学習面では極端な遅れはないがミスが多い。書字が苦手で板書に時間がかかる。忘れ物が多い。ささいなことで友達とトラブルを起こしやすい。注意が長続きせず気が散りやすい。授業中，教科書も出さずに周りと関係ない話をしゃべり続ける。注意しても無視している。一斉の中では話を聞き漏らす。能力的には低くないと思われるが，このままだと学習面も厳しくなってしまう。今のうちに手だてを考えたい。校内委員会でチェックリストを使ってアセスメントしてみたところ，不注意26点，多動-衝動性21点，対人関係やこだわり26点といずれも高得点であった。

　②　家庭等の状況については，SCが母に面談した。小学校でも落ち着きなく離席，忘れ物も多かった。友達とのトラブルも多かったため学校から電話が来るのを母は恐れていた。

　③　観察結果について検討し，対応について協議した。数学の観察では，集中時間の短さ（計算問題5題のうち1題解くと別のことをする）・衝動性・抑制能力の低さ（人の話を聞かずに大声でしゃべる）が見られた。コンパス等の操作がぎこちないなど，手先に不器用さがある。協調運動も苦

手である。不注意（最初の説明を聞きもらす）・衝動性（待てない）が見られた。これらの様子はチェックリストの得点とも合致している。

「ざわついたところはうるさいと言う」とのことだが，多勢の中や戸外での聞き取りにくさ（選択的注意がむずかしい）が考えられるので，個別に確認することが必要である。授業の中でも聞き取りにくさはあるかもしれない。重要なことばだけを繰り返すと効果的だろう。多くのことが同時に頭に浮かんで優先させるものや注目すべきものがわからなくなりやすい。「これやるよ」と穏やかにやることだけを伝える。また時々，「今，何したらいいの？」と考えさせるとよい。

④ 今後の指導・支援のあり方については次のようになった。

今後も校内委員会で共通認識をもち，学年の教師チームを中心に具体的な役割を確認しながら指導していく。問題行動が起きた後の振り返りは担任とSCを中心に行なう。各教科の学習状況だけでなく，各担当教師が達成度等の評価も詳細にし，放課後の補習につなぐ。母親支援を続け，保護者との良好な関係をつくる。より詳細な認知面のアセスメントを実施するために保護者と話をしていく。通級指導学級の活用も考える，などが確認された。

巡回相談終了後，校内委員会で報告したところ，他学年の教師よりH君と似ているADHDの生徒の指導経験について発言があり，意見交換ができた。それも参考にしながら，IEPを1学年担当教師で作成し支援が始まったと研修会でコーディネーターから話をされた。また，その後の3学期の巡回相談の冒頭で以下のことが報告された。

- 指示の出し方を工夫している。まず，注意を喚起してから指示を出す。重要な指示は繰り返す。あとでわかっているか確認する。その結果，忘れることが減った。また，他生徒もよく聞くようになった。
- 助言どおり，穏やかにやることだけを伝えるとやり始める。
- 書字が遅いため，プリントを渡し書く負担を減らして考える時間をとった。取り組み方が大きく改善した。最低書いてほしいところだけ枠で囲み，そこだけ板書させるようにした。
- 数学は放課後の補習授業に参加している。わかる喜びを少しずつ体験

しているようである。考査の点数が伸びたことを本人もとても喜んでいる。
・学校が熱心に子どものことを考えているのを母親も感じ，学校との関係がよくなってきた。
・通級指導学級を見学して申し込んだ。

指導している教職員は，校内委員会，巡回相談の協議に出席することによって，それぞれの役割が明確になったと報告があった。さらに，H君だけでなく，他のクラスにも似た子どもたちが複数いる。教師間で意見交換しながら，他生徒にも支援を汎化させている。チームアプローチの大切さを改めて確認できた。

4-3-3 特別支援教育支援員に対する研修等

特別支援教育支援員（第1節を参照）は発達障害のある子どもの教育的支援のため，学校からの申請があり，教育委員会が必要と判断した場合に派遣される。支援員は発達障害のある子どもに直接支援を行なうため，さまざまな研修会や毎月の定例の学習会を実施してスキルアップを図っており，心理職も研修会の講師や，学習会を企画運営し助言などを行なう。

また，1年目の支援員については，1学期の前半に派遣先の学校を訪問して実際の支援の様子を観察し，具体的な支援の仕方などについて助言をしたり，校内で困っていることの相談を受けたりする。

4-3-4 学校支援における心理職の役割と展望

最近，巡回相談で発達障害ではないかと相談される小学校低学年の中に，発達障害よりも愛着形成の問題のほうが大きいと思われるケースが増加している。「授業中に座っていられない。授業が始まっても教科書・ノートを出さない。先生の話を聞かない。指示に従わない。したいことがあると注意してもやめない。勝手に歩き回る」の状況が見られるが，コミュニケーションはとれる。いわゆる家庭内のしつけができておらず集団生活をする準備ができていない状態である。愛着が形成されていないとしつけはむずかしい。

しかし早い時期にセラピー的かかわりを受けることによって短期間で育つ可

能性がある。教室内のルールを明確にすることや授業を構造化してわかりやすくすることと並行して，心理的なアプローチも欠かせない。心理職は校内のSCと連携をとりながら適確なアセスメントをし，早期に気づいて対応することが何より大切である。

　また，発達障害のある子どもの中には，障害がわかりにくいために適切に対応されないままで過ごし，いわゆる二次障害（たとえば，自己肯定感の低下や不登校，反抗挑戦性障害やうつ病等）と言われるさまざまな問題を示している子どもや，虐待や不適切な養育の中で，愛着が育たないまま成長した「第4の発達障害」（杉山登志郎，2007年）と呼ばれる子どもたちもいる。

　学校が対応に大変困っているとして巡回相談の対象にあがってくる相談の中には，このようなケースも見られる。子どもの状況をいかに適確にアセスメントするかが重要であり，それを踏まえて，学校は全体の組織で課題解決に取り組むことが必要である。また，SCやSSW，教育相談，子ども家庭支援センター，児童相談所，医療機関等，他職種，他機関との連携が必要となることも多い。学校が主体的に動きやすいように，さまざまな情報を提供して側面から支援することも心理職の役割である。

　巡回が始まったころの学校現場では，発達障害についての知識や理解が，まだあまりなく，発達障害とは何かという理解啓発に関する話が多かった。しかし，知識と経験が蓄積されて，さまざまな支援の方法が検討され実施されている。

　支援が積み重なっていくうちに，発達障害のある子どもに必要とされてきた学習環境の配慮や特別な支援は，実は他の子どもに対しても，理解しやすく効果的であることがわかり，「授業のユニバーサルデザイン」の導入が進んでいる。教室の中は以前より整理されており，特に黒板やその周辺には余計な掲示物なども見られなくなった。1日の流れや授業の流れがすぐ確認できるようなスケジュール表や，声の大きさを調整することが苦手な子どものために目で見て確認できるように表示したイラストなど，必要なものがわかりやすく掲示されている教室が多い。

　授業の進め方にも視覚的な教材がうまく利用され，指示の出し方にも工夫が見られる。障害のある個人への特別な支援ではなく，多様な子どもがいる学級全体を支援する「みんなの特別支援教育」というインクルーシブ教育への取り

組みは着実に広がっている。

おわりに

　特別支援教育は，いま推進から充実へと次のステージに移行しつつある。

　通級指導学級を利用する子どもたちが年々増加していることを受け，東京都では，新たにすべての公立小学校に特別支援教室を設置するための準備を進めている。これに伴い，特別支援教室を巡回し，特別支援教室指導教員や在籍学級担任に対して助言する心理職（臨床発達心理士等）が新たに導入されることになっている。

　学校現場では，今までのSC（主に臨床心理士）に加えて，新たな心理職が加わることで，より充実した相談体制になると思われ，発達障害のある子どもをもつ保護者への支援に直接結びつくものとなることが期待される。

　悩みを抱えながら障害のある子どもを育てている保護者は多い。しかしながら，保護者を支える支援は今まで十分ではなかった。話をじっくり聞き，保護者がどんな状況に置かれているかを把握し，安心して子どもと向き合えるように支援することは子どもの発達のためにとても重要である。その際，子どもの発達障害の特性や行動の特徴について説明し，子どもへの適切なかかわり方について助言することが不可欠である。

　発達障害のある子どもをもつ保護者に対する支援で欠かせない条件は3点あると考える。

　それは，
① 発達障害についての専門知識と心理的援助スキルをもっている心理職がいること
② 保護者が気軽に利用できる場と雰囲気を提供すること
③ 特別支援教育システムの中にしっかりと位置づけられた体制であることである。

　就学相談で検査結果をフィードバックする際には，子どもの発達と特性に応じたかかわり方についても保護者に伝えることになるが，短い時間の中ではとても伝えきれないことが多い。別途，ペアレントトレーニング等による保護者

支援のプログラムも必要ではないかと考える。

　保護者支援を特別支援教育のシステムの中にどう位置づけて実践していくのかはこれからの課題であるが，これが実現して初めて，学校と家庭の協働が可能になると思われる。その中で，特別支援教育担当部署の心理職には，他の心理職と協働しながら，保護者支援をコーディネートしていく視点も求められることだろう。

引用・参考文献

関西国際大学　兵庫県尼崎市教育委員会　2012　みんなの特別支援教育〜授業のユニバーサルデザイン化をめざして
　　http://www.ama-net.ed.jp/docs/h24minatokusi.pdf
国立特別支援教育総合研究所　2007　学校コンサルテーションケースブック実践事例から学ぶ　ジーアス教育新社
文部科学省　2007　特別支援教育の推進について（通知）
文部科学省　2013　学校教育法施行令の一部改正について（通知）
文部科学省　2013　障害のある児童生徒等に対する早期からの一貫した支援について（通知）　学校教育法施行令第18条の2
文部科学省　2015　平成26年度特別支援教育体制整備状況調査　調査結果
　http://www.mext.go.jp/a_menu/shotou/tokubetu/material/1356211.htm
杉山登志郎　2007　子ども虐待という第四の発達障害　学習研究社
篁　倫子（編著）　2007　学校で活かせるアセスメント　明治図書
東京都教育委員会　2015　公立小学校の特別支援教室導入について
　　http://www.kyoiku.metro.tokyo.jp/buka/gakumu/tokubetushien_kyoushitu.html

第5章
保育所における心理臨床

清水幹夫

はじめに

　保育の「保」は，人が子どもを布でくるみ背中に負う形の象形文字で，子どもをやすんじる，守り養う，世話をすることなどを意味する。「育」は，胎児が頭を下にして産まれ出る象形文字で，はぐくむ，そだてることなどを意味する。

　この2つの象形文字を組み合わせた「保育」は，一般に子どもを守り世話をする育児と，人生初期の生活に必要となる基本的なコミュニケーション手段や習慣あるいは行動規範を教えしつけることを含んだ発達支援概念として使われている。子どもが社会の一員になっていく過程で，人類の歴史を遡るほど，家庭における保育の役割や機能は大きい。言い換えるなら，文化や技術が大量に蓄積されて社会が複雑になるにつれて，家庭における保育の機能が狭まり地域や社会の支援による保育が重視されるようになる。日本では，近世に入っていわゆる読み，書き，算や平易な道徳などを教授する寺子屋，手習所，手習指南所といった民間教育が盛んになり，近代日本の学校教育開始の移行期には大きな役割を果たしている。こういった民間教育の対象年齢は，おおよそ5歳ぐらいからだったようであるが，1872（明治5）年の学制開始以来，出産から学校教育を受けるようになるまでが家庭における保育期間といった考え方が徐々に一般化したようである。

　今日では，保育は0歳から5歳までの，広く家庭や地域社会で行なわれる就学前の子どもを対象にした養育と教育を含んだ機能概念として定着している。
　また日本における地域の保育施設は，1890（明治23）年代から紡績工場の経

営者が子どもをもつ女工のために設けた託児所が始まりだと言われている。また，日露戦争後の貧困遺族のために各地に働く母親のための託児所が広がった。大正時代には，大阪で公立の託児所ができて東京など大都市に広がったという記録もある。第二次世界大戦後の1947（昭和27）年に児童福祉法が制定されて，託児所は保育所という名称に変わり，認可保育所の制度ができ上がって今日に至っている。

　1985（昭和60）年に雇用機会均等法が施行され，働く女性の数が増え始め，1990年代には，共働き世帯数が専業主婦世帯数より多くなり，核家族世帯の数が増え続ける状況から，1994（平成6）年にはエンゼルプラン，1999（平成11）年には新エンゼルプランなどの政策を打ち出し保育所の再整備が始まったが，その後の慢性的な経済不況下で保育所を利用しようとする家庭がますます増え続けて毎年数万人の待機児童が生まれているのが現状である。

　本章では特に都市部を中心に，こういった発展の背景をもつ認可保育所における心理職とのかかわりを取り上げたい。

第1節　保育所の数と利用している子どもの数

　保育所は，保護者が働いている，母親が産前産後である，保護者に傷病や心身障害がある，保護者の同居親族が介護を要する，保護者が被災したなどの理由によって，家庭で十分な保育を受けることのできない子どもを保護者の委託を受けて1日の一定期間の保育を補うことを目的とする保育の専門機関である。

　法的には，児童福祉法（第39条）によって規定されている児童福祉施設の1つであり，社会福祉法では，第2種社会福祉事業（第2条第3項）に規定がある。児童福祉法上の名称は保育所であるが，市区町村の条例で保育園の名称を使う場合もある。また，地域によっては，公立の場合を保育所，私立の場合を保育園，規模の大きな施設を保育園，小さな施設を保育所としているところもある。児童福祉法に基づいて都道府県または政令都市または中核都市が一定の条件によって認可された保育所を認可保育所と呼び，厚生労働省の2014（平成26）年度の統計資料によれば，全国の認可保育所数約2万4500か所，入所の子どもの数約226万7000人で，就学前の子どもの約36％が利用している。認可保

育所の入所を希望しても入所できないいわゆる待機児童数は，約2万1000人が報告されている（図5-1）。図5-1では保育所利用児童数よりも定員数が多いが，都市部に待機児童数が集中しているのが現状である。

　このほか，児童福祉法上の認可保育所に該当しない保育施設は，認可外保育施設あるいは無認可保育所と呼ばれ，ベビーホテル，駅型保育所，駅前保育所，事業所内保育所，病院内保育所，へき地保育所，季節保育所などが知られている。厚生労働省の2014（平成26）年度の報告によれば，都道府県知事などに届けのあった施設の立ち入り検査対象になった無認可保育施設数は，約7900か所，入所している子どもの数は約20万人にも上っている。先の待機児童の一部は，こういった無認可保育所に通っている児童も含まれていると考えられている。

　また，就学前の子どもに対して，日本では長いこと保育所と幼稚園の2元型の対応がとられているが，2006（平成18）年から関係法規を改正して認可保育所と幼稚園の長所を一体化した「認定こども園」が加わった。欧米の就学前教育に対する子どもを中心にした理念からの制度というよりも，近年の少子化と

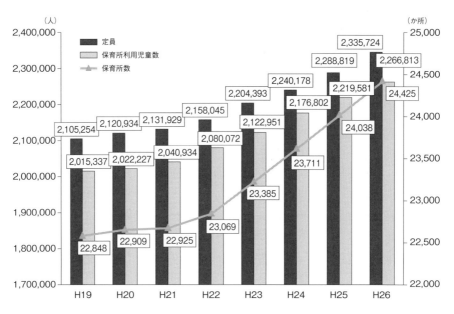

図5-1　認可保育所数と保育所利用児童数（平成27年　厚生労働省）

社会的，経済的，政策的な要因から生み出された制度といった印象が強い。

　認定こども園は都道府県知事が，厚生労働大臣と文部科学大臣が定める指針に基づいて条例を定めて認定するもので，既存の認可保育所や幼稚園が，認定こども園に移行しやすいように，認定こども園には，幼保連携型（認可幼稚園と認可保育所とが連携して一体的な運営を行なうタイプ），幼稚園型（認可された幼稚園が保育所的な機能を備えたタイプ），保育所型（認可された保育所が幼稚園的な機能を備えたタイプ），地方裁量型（認可のない地域の教育・保育施設が認定こども園として機能を果たすタイプ）の4つの型がある。平成26年4月現在で約1400の認定こども園が数えられている。認定こども園は，今後も増えていくことが予想されているが，過渡期にあり絶対数はまだ少ない。

　このほか，保育期間の子どもを受け入れる専門機関には，子どもの状況により乳児院や児童養護施設などもあるが，本章では，施設の数や所属の子どもの数でも圧倒的な多数を占める認可保育所を中心に心理職とのかかわりを取り上げたい。

第2節　認可保育所における心理職のかかわりの現状

　臨床心理士，発達臨床心理士あるいは臨床心理や乳幼児心理，発達心理の専門家が保育，特に保育所とかかわりをもつ場合の基本的な必読資料は，「保育所保育指針（以下保育指針と略記）（2008）」である。全国の認可保育所が守らなければならないガイドラインとして1965（昭和40）年に制定された保育指針は，局長通知として公布されていたが，2008（平成20）年の第3回目の改訂では，厚生労働大臣の告示として公布され，その規範性が高まった。翌年の2009年からは，公私を問わず，全国の認可保育所は，この保育指針に基づいて指導監査が行なわれるようにもなっている。さまざまな形で，心理臨床的な立場から保育所や保育士にかかわる場合，この保育指針は，重要参考資料に位置づけておく必要があるといえよう。

　保育指針は，大きく7章から成っている。詳細については，厚生労働省から公布されている保育指針と資料「保育所保育指針の解説」を手に入れて，臨床心理の専門家として保育所とかかわりをもつときの資料にしてほしい（表5-1）。

表5-1　保育所保育指針（平成20年，厚生労働省）の主要項目

第1章　総則
　保育所の役割，保育原理，保育所の社会的責任など
第2章　子どもの発達
　乳幼児期の発達の特性，発達過程など
第3章　保育の内容
　保育のねらい及び内容，保育の実施上の配慮事項など
第4章　保育の計画，及び評価
　保育の計画，保育内容の自己評価など
第5章　健康及び安全
　子どもの健康支援，環境及び衛生管理並びに安全管理，食育の推進，健康及び安全の実施体制など
第6章　保護者に対する支援
　保育所における保護者に対する支援の基本
　保育所に入所している子どもの保護者への支援，地域における子育て支援など
第7章　職員の資質向上
　職員の資質向上に関する基本事項，施設長の責務，職員の研修など

　内容のほとんどの部分に心理臨床の知見や専門家の関与が可能であり，また必要不可欠な状況ではあるが，現在のところ，組織的・制度的に，あるいは直接的・継続的に心理職がかかわっている保育所はきわめて少ない。理由は，上記の保育指針による監査で最低基準が満たされていると評価されても，保育内容の質の向上，保育士の専門性の向上，保育環境の向上，保護者対応・保護者支援の充実，職員間の連携，家庭との連携，専門機関・地域との連携，障害や発達上に課題のある子どもあるいは不適切な養育などが疑われる子どもとその保護者に対する対応は，多くの場合，保育所の主体的な取り組みに任されているからである。

　また，これらの取り組みには，公立の保育所にあっては地方財政や地方行政が，私立の保育所にあっては各設立法人の経営的な要因が大きく影響するので，保育カウンセラーや保育臨床心理士（仮称）などの配置が法的に制度化されて，

心理臨床の専門家が常駐ないし巡回するような社会的システムができるようになるまでは、心理職とのかかわりは、各保育所の設置母体や運営管理者の意識並びに保育士の自己研鑽へのモチベーションに依存せざるを得ないのが現状である。

こういった状況の中においては、どの保育所も個別に、地域の子育て支援にかかわる行政の窓口やこども病院、子育てセンター、保育センター、発達支援センター、教育相談センター、教育相談所、児童相談所、乳児院、養育園、福祉事務所などの専門機関に保護者をつなげ、必要に応じてそういった専門機関に所属しているカウンセラーや心理職、あるいは心理臨床系の大学や研究機関などに所属する臨床心理の学者や研究者にアウトリーチの形で援助を求めているのが一般的である。

第3節 保育所の側から主体的に求められる心理職のアウトリーチ

保育所の側から積極的に心理職にアウトリーチを求める内容は、(1)園児との対応にかかわるアウトリーチ、(2)保護者の対応にかかわるアウトリーチ、(3)職員の対応にかかわるアウトリーチの3領域に分けることができる。

3-1　園児への対応にかかわる心理職のアウトリーチ

保育所の子どもたちは、それぞれが固有の関係と文化をもつ家庭からやってきているので、行動や感情の表し方、興味や関心のもち方、集団への馴染みの程度、遊び方など1人ひとりがユニークである。このために、保育所では、日々さまざまな問題や課題、困りごとが発生するが、多くの場合、保育所で培われた保育士の経験と対応力で乗り越えている。

そういった日常的なかかわり方や問題や課題の対処の仕方を事例研究などで改めて客観的に見直し、最新の保育や心理学からの知見を得るために、さまざまな機会を捉えて、心理職のアウトリーチを要請するなどの積極的な支援を求める必要があるのだが、支援を求める窓口も少なく各保育所独自の取り組みに依存しているのが現状である。多くの場合、必要に応じて個別に地域の発達支援センターなどの発達相談をしている公的な専門機関に心理職の派遣要請をし

たり，保育の研修会で知り得た講師や大学の心理臨床の研究者，地域の専門機関などの心理職などにアウトリーチを要請したりする場合が多い。

また，保育士はそれぞれの養成課程で，「保育原理」「児童家庭福祉」「保育者論」「保育の心理学」「子どもの保育」「家庭支援論」「保育内容総論」「乳児保育」「障害児保育」「保育相談」などを必修で学んできてはいるが，現場に入ってからは忙しさに埋没してしまい，改めて自身の保育体験を振り返ったり，保育の最新の知見に触れたりする機会はあまり多くない。保育士として日常の体験を振り返ったり，心理臨床の知見に基づく保育技術を学んだりする勉強会や研修会を定期的にもつことは，保育士の専門性を高めるばかりでなく保育への自信と使命感が高まり，子どもとのかかわりにもゆとりと意欲が生まれる。

次のエピソードは，ある保育園で園長の依頼によってはじまった独自の研究会への心理職によるアウトリーチの事例である。

事例1　A保育所の園児に対する臨床心理専門家のアウトリーチ事例（札幌市）

A保育所に入園した0歳児のB母親がたまたま大学の発達心理学と臨床心理学の専任教員であることがわかり，最初は，半年に1度，土曜の午後6時30分から8時30分まで，園の保育士のための勉強会を開いてもらうことになった。「乳幼児の発達」「乳幼児の発達障害」「乳幼児の自閉症」「乳幼児の知能発達」「乳幼児の行動発達」「乳幼児のことばの遅れ」「乳幼児の遊び」などについての勉強会を3年ほど続けている。

園児の中にわずかながら心身に障害をもった子どもがいるが，勉強会を重ねていたことで子どもとの対応や保護者との対応に役に立っている。今では，噂を聞いて近隣の保育所からも保育士が参加するようになり，園児とのかかわり方の情報交換や保育士の資質の向上と気楽な交流の場になっている。特に経験の浅い保育士にとっては，職場での出来事を臆することなく話せる場になっているのと，身近な職場の事例を通して客観的な子どもの理解につながることなどから，自主参加にもかかわらず参加率が高い。

3-2 保護者対応にかかわる心理臨床専門家のアウトリーチ

　保育所の通常の保育過程では，対応がむずかしいと思われる子どもの身体，言語，聴覚，情緒，行動，知能などの発達上の課題や問題は，それぞれの関連する専門機関との連携によって，保育所における個別な保育活動に役立つ情報や対応方法を得たり，保育環境の改善や向上につながったり，対象児の保護者支援にもつながることが多い。

　つまり，乳児院，子ども病院，総合病院，療育園，養護施設，児童相談所，保健所などの地域の専門機関には，それぞれの活動分野ごとに医師，看護師，福祉士，栄養士，作業療法士（OT），言語聴覚士（ST），視能訓練士（ORT），カウンセラー，臨床心理士，発達臨床心理士といった専門職が常駐している。

　保育所に常駐させることができない専門職については，子どもの問題に応じて身近な専門機関と連携し，それぞれの専門機関や専門家から，個別の保育上の知見を得ながらそれらを保育活動に生かすことができる。都市部か地方かといった保育所の立地条件にもよるが，保育所が地域の専門機関の活用についてどの程度の意識とネットワークをもっているかが保育所の機能を高め保育の質を向上させ得るかにかかっているといえる。

　保育所の子どもたちは，成長し発達をする過程で，さまざまな問題や課題を派生させる。保育士は，直接多くの子どもと接しているので，日常の保育の範囲で対応できる問題や課題かを見分け，発見できる機会が多い。通常とはどこか違う子どもの行動や状況を保護者に伝え，専門機関に委託するときに起こりがちな保護者との関係上の問題や専門機関での検査結果に対する保護者の心理的問題などについて，進歩的な保育所では心理職のアウトリーチを要請することが行なわれている。

　次にあげる2つの事例は，保育児の障害の状況によって保育所独自で心理職のアウトリーチを要請したものである。

事例2　C保育所の保護者に対する心理臨床専門家のアウトリーチ事例

　生後10か月で保育所に入園したDちゃんは，順調に体重が増え，身体的な機能も問題なく育っていたが，他の子どもに比べ音への反応がかなり少なかった。カウンセリングの研修を受けていた園長は，E母親とのコミュニュケーショ

ンを大事にしながら０歳児担当の保育士と園長同席で，気がかりな点を保護者に伝えた。

　Ｅ母親によれば，市の10か月乳幼児検診の折には特に何も言われなかったとのことだった。１歳６か月検診までは，まだ６か月ほどあるので，乳幼児聴力検査スクリーニング機関を紹介し検査を受けることを勧めた。右耳に伝音難聴の疑いのある軽度の難聴であることがわかり，今後定期的に検査を受けながら適切な治療と療育が行なわれることになった。このあと保護者の了解を得て，専門機関にコンタクトをとり，保育園でのＤちゃんの保育上の配慮点などの知見を得て，保育活動に取り入れることになった。

　この過程で当初Ｅ母親のショックと落ち込みがひどかったので，園長が懇意にしている「発達センター」の臨床心理士に頼み，母親が安定するまで週に１度土曜の午後に４回ほどカウンセリングに来てもらった。Ｅ母親にとって初めての子どもであり，また地方からの転勤で身近に親族がいないこともあって，子どもの難聴に一時期パニック状態になった。医療機関の言語聴覚士の助言を受けながら園の担当の保育士がＤちゃんの対応をしてくれる状況を受け入れるようになり，母親は１か月ほどで落ち着きを取り戻して以前のようにＤちゃんを保育所に送り迎えをしながら，仕事に行くようになった。保育所ではＥ母親の内面まで深くかかわることができない状況だったので，子どもの難聴について母親が受け入れていくプロセスをカウンセリングで支えてもらった意義は大きい。

事例３　Ｆ保育所の障害をもつ子どもへの心理職のアウトリーチ事例

　３歳で入園した男児Ｇちゃんは，入園時にＨ母親から自閉症であることを告げられた。「保育・子育て支援センター」からの仲介もあり，また公立のこども病院とのかかわりもあるとのことだったので，３歳児クラスの担当者が中心になって個別の保育計画を立てることになった。Ｈ母親からの聞き取りでは，比較的大人しいが，人とのかかわりが苦手であること，ことばを余り話さないこと，母親がいないと部屋の隅で固まってしまうこと，オモチャの置き場所と衣服のにおいにかなりこだわりが強いとのことだった。

　入園前に母親の了解を得て，かかわっている病院の医師から診断の結果と対

応上の配慮点の情報を得た。入園初期は，母子分離に相当な困難が予想されるので，「保育・子育てセンター」から発達臨床心理士を派遣してもらい，助言を個別指導に取り入れた。母親が仕事を休むのが大変だったようだが，大事を取って入園時には，毎朝1時間ほど1週間にわたって3歳児クラスにいることをお願いした。この間に，Gちゃんと3人の担任とのかかわりを増やしていくことにした。

　最初のうちは，母親の側から離れようとしない日が続いていたが，I保育士とは比較的相性が良くなり，母親がいなくなってもI保育士がいれば，部屋の隅で過ごすことができるようになった。予想していたよりもかなりあっさりと母親と離れることができた。いまも「保育・子育てセンター」の臨床心理士に時々来てもらい，様子を見ながらG児の個別計画作成の折の助言を得ている。Gちゃんの障害対応で，職員間の協働意識も高まった。

3-3　職員対応にかかわる心理職のアウトリーチ

　保育所の子どもたちの保育活動が円滑に進むような，さまざまな保育上の困難を乗り越える原動力は，保育所の職員の協働的な関係と保育にかける1人ひとりの使命感や意識の高さにあると言える。

　保育士同士の関係がぎくしゃくしていたり，若い保育士が定着せず新任の保育士が直ぐに辞めてしまったり，困難な状況や問題を1人で抱え込んで孤立してしまったり，職員が職場や上司に対して強い不満や不信感をもっていると職員間の協働的関係や保育への使命感や高い意識などが育ちにくい。

　給料や休暇，福利厚生など保育所の運営や経営にかかわることは，経営者や運営者の問題だが，職員間の関係改善や保育への使命感や高い意識の育成については，心理臨床家のグループカウンセリングやグループコンサルテーションなどのアウトリーチがかなり期待できる。

　次の2つの事例は，ある法人下のいくつかの保育所の職員や副園長などを対象に行なわれた臨床心理士のアウトリーチである。

事例4 　J法人下の5つの保育所職員に対する心理臨床家のアウトリーチ

　J法人には，5つの保育所があり，どの保育所も経営的には問題ないが，園によっては保育士の退職が多かったり，初任保育士がなかなか定着しなかったり，保護者からの苦情が多かったりといった偏りが見られた。法人理事長が各保育所の園長と副園長を集めて，各保育園の状況を検討する中で，職員のカウンセリングやコンサルテーションのできる心理職に各園を巡回してもらってはどうかという提案がなされ受理された。

　全国の保育所のさまざまな研修にかかわっているK大学のL教員（臨床心理士）が，親しくしているJ法人理事を通じて5つの園の巡回を依頼された。Lは，8月〜11月の土曜の午後6時30分から2時間ずつ各保育所を巡回し，園長や副園長，主任などは加わらない約束で2人ずつのペアを組んで，相互の「心の星座ワーク（清水，2011）」を実施し，各園の職員が抱えるさまざまな個人的な問題とそれらに伴う感情，身体感覚，体験過程などを拾い出した。その後，余った時間で，5〜6人ずつの小さなグループに分かれ，参加メンバーそれぞれの問題や課題，それらに伴う感情や身体感覚などの内面の交流をした。

　各自が話した内容については，グループカウンセリングとして実施している研修なので，参加者や講師は守秘義務があり，具体的で個別的な事柄については，保育所の管理者には報告しないことを前提にグループカウンセリングを始めた。参加者それぞれが，両親の離婚，介護，自身の結婚，将来，子育て，家のローン，ご主人との関係，園へのさまざまな不満，保護者への不満など，率直に問題を拾い出した。どの園でも，参加した職員は，問題そのものは解決したわけではないが，内面が整理され日ごろ何気なくかかわっている同僚の内面に触れ得たとの感想が多かった。後日，J法人理事長からも，グループカウンセリングの定期的な継続を依頼された。

事例5 　副園長と主任レベルを対象にしたコンサルテーションにかかわる心理職のアウトリーチ

　事例4と同じJ法人からの依頼で，各園の主任と副園長を対象に10月の土曜の午後4時間にわたり，合同の研修を実施した。主任や副園長は，職員が子どもとのかかわりや，保護者との対応に困難な問題を抱えたときに，内容をゆ

っくりと聞き取り，職員の資質やもっている資源を活用しながら，最終的には保育の専門家としての主体的な対応策を見出していけるような支援や援助をしていく必要がある。

多くの副園長や主任は，長い保育の経験と広い視野をもってはいるが，コンサルテーションの理論や演習はほとんど受けていないので，問題解決にだけ焦点をあてた指導，助言などに終始してしまうことが多い。このために，起承転結といったコンサルテーションの基本的な進め方をベースにして，カウンセリングマインドを基本にした傾聴と問題の理解や明確化，保育の専門家同士の協働と問題解決への主体的な取り組みなどの支援や援助にかかわる講義と演習を行なった。専門家としての保育士の成長を主眼に置いたわかりやすい演習との評価を得た。この研修の内容は，保護者への保育コンサルテーションにも応用できるとのことから，先の事例の職員研修にも取り入れることになった。

第4節　保育関係団体や組織からの心理職のアウトリーチ

保育に特化した組織や団体，保育も含む広い活動分野にかかわる組織や団体などから専門的な講演，研修，演習，事例研究といった機会が提供され，あるいは自然災害などでさまざまな支援や援助を受けるような形態での心理職のアウトリーチが広く行なわれている。

4-1　保育に特化した団体や組織を通じての心理職のアウトリーチ

保育にかかわる代表的な3団体，社会福祉法人日本保育協会，社会福祉法人全国保育協議会，公益社団法人全国私立保育園連盟と，その3団体に関連する各都道府県の組織，あるいは全国保育士会，全国夜間保育園連盟，子どもの虐待防止センター，全国病児保育協議会などが保育所や保育所の職員に対してさまざまな支援や援助をしている。

こういった支援や援助の中には，保育園長，副園長，主任，保育士などを対象とした，講演，研修，演習，講習会，事例研究などを通じて多くの心理職のアウトリーチが含まれている。保育所は，関連の組織や団体に加入することによって，積極的なはたらきかけを受けながら保育所の保育内容の向上，保護者

との対応，職員の資質の向上などに役立てている。そういったものの中で，組織的・継続的に臨床心理士のアウトリーチを活用している全日本私立保育園連盟（以下，全私保連）の研修部会が行なっている「保育カウンセラー養成講座」に触れておきたい。

「保育カウンセラー養成講座」発足当初の講座委員長新沢誠治によれば，1990（平成2）年の合計特殊出生率1.57ショック以来，それまで以上に保育への関心が高まり，全私保連の事務局会議で"子どもと家庭にやさしい環境づくり"の展開が議論されたのを機に「保育園が，安心して生み育てられる子育て支援の拠点になるとともに国や世論に訴えていこう」という運動を展開し，現在も全私保連運動推進委員会に引き継がれているとのことである。

この過程で，全私保連の研修部会で，保育所に働く保育士たちにカウンセリングの素養を育成することの必要性が討議され，当時の日本カウンセリング学会会長であった杉渓一言の協力を得て（これも心理職のアウトリーチの1つと言える），1993（平成5）年に本格的な「育児カウンセラー養成講座」が開始された。発足当初は「現代家庭の課題とカウンセリング」「母親の育児不安と援助」「電話相談の実際」「カウンセリングの基本」「来所面接の実際」「傾聴の理論」など，母親の悩みに心を傾けて聴き，援助をしていくことを基本にして講座の内容を組み立て，管理者コース，初級コース（4泊5日），中級コース（4泊5日），上級コース（4泊5日），フォローアップコース（2泊3日）を順次開始したとのことである。

当初は，母親の在宅保育支援を中心に講座が組まれていたが，次第に保育所内での子ども，保護者の理解と関係のあり方，保育者間の関係のあり方といった心理臨床的なものを中心にした内容に変わり，講座名も2000年から「保育カウンセラー養成講座」に改称し現在に至っている（新沢，2014）。

「保育カウンセラー養成講座」の講師陣の3分の1は保育の中核的な実践家で，残りの3分の2は臨床心理，カウンセリング心理，保育心理，家族心理などの心理職で構成されているなど，心理職によるアウトリーチの有機的な活躍の場になっている。

この養成講座もすでに22年の歴史があり，2015年度からは，「保育カウンセラー養成講座」の初級，中級，上級の呼称を発展的に解消し，保育カウンセラ

一講座の内容を精選し，系統性を高め，演習や体験学習を充実させてステップⅠ，ステップⅡ，ステップⅢに改めて，より実践的な保育カウンセラー養成をめざそうとしている。

　全私保連の事務局に問い合わせたところ，2014年度までに初級，中級，上級，ステップアップを含めてかかわった保育所数は2830か所，また保育士数は7570人が参加したとのことである。特記すべきことは，参加者の中に，約1170名もの園長，副園長，主任が混じっていたことである。保育カウンセラー講座にかかわった保育所数は，全国に約2万4000か所もある保育所数に比べたら微々たるものだが，参加者の保育所の活動内容に対する意識改革には大きな影響を与えていることは特筆すべきことと思う（事例6, 7, 8）。

　また，全私保連では「保育カウンセラー」の名称とその職能を確立するために，2005年には「保育カウンセラー」を商標登録し，2011年には「保育カウンセラー養成講座」修了者を対象に「保育カウンセラー」資格認定制度を発足させた。2015年2月現在で，資格認定登録者の総数は348名に上っている。

事例6　「保育カウンセラー養成講座」に参加したM園長（北海道）の事例

　経験の浅い園長として，保育所の基本的方針に迷っていた時に地域の園長仲間から，「保育カウンセラー養成講座」への参加を勧められた。忙しい仕事の合間をぬって，8年かけて初級，中級，上級講座を受講した。

　講習に参加をする度に，コミュニケーションの基本的な姿勢，アサーション，リフレーミング，コンサルテーションなどの理論や考え方と演習に触れながら園長としての自己に新たな発見があった。園長としてよりよい保育をしていくためには職員の温かな人間関係を築き上げていくことが重要であることを学び，自己理解，他者理解，関係づくりにかかわるワークや演習を園の職員研修でも取り入れた。

　結果的に，職員間の関係のみならず，職員の園児への対応，保護者への対応にも変化が現れ始めた。各年齢の子どものさまざまな問題や課題，心身に障害のある子どもへの対応，障害のある園児や複雑な事情を抱えた保護者とのやり取りに，主体的・協働的に取り組む職員の雰囲気ができあがり安心して園の経営に専念できるようになった。4泊5日という長い研修で経済的にも時間的に

も負担は大きいが，今では職員が交代でこの講座に出られるように工夫している。

事例7 「保育カウンセラー養成講座」に参加したN主任（東京）の事例

保育士7年目で園の主任を命じられたのを機に園長の勧めで「保育カウンセラー養成講座」の初級，中級，上級を5年がかりで受講した。職員が少ないので，各講座共に4泊5日も園を空けるための調整がむずかしかったが，職場の協力があったので，続けることができた。

園児や保護者，同僚の内面にどのような姿勢でかかわっていったらいいかに迷っていたが，講座を通じてカウンセリングの基本的な考え方や自己理解，他者理解の重要さ，自尊感情，自己肯定感への関心などが高まった。保育所の保育の経験はあるが，主任として園にかかわっていくためには，しっかりとした保育観，人間観，職場のさまざまな人間関係の視点，コミュニケーション技法，コンサルテーション技法を身につけることの大切さに気づかされた。

事例8 「保育カウンセラー養成講座」に参加したO保育士（名古屋）の事例

保育士になって3年目になったときに，園長から勧められて「保育カウンセラー養成講座」を受け始めた。5年がかりで初級コースでの傾聴訓練，中級コースでの自己理解，他者理解，上級講座での保育コンサルテーションを受講した。

短期大学で保育士の養成を受けていたときと違って，実際の経験と結びつけながら，さまざまな演習に参加できた。単に技法を学ぶだけでなく，裏づけとなる心理学の理論に触れたり，毎回4泊5日の長い講座の合間に保育所のいろいろな立場の方々と気楽に交流したり，自分と同じような若い保育士と明け方まで話し会った経験は，園児や保護者，同僚とのかかわり方や保育士としての生き方やあり方を改めて見直す機会になった。

4-2　保育だけに特化していない団体や組織での心理職のアウトリーチ

保育も含むが，広範囲の心理臨床にかかわる学会，一般社団法人，一般財団

法人，社会福祉法人，公益財団法人，特定非営利活動法人（NPO）などのさまざまな研修や支援活動を通じて数多くの心理職のアウトリーチが行なわれている。また，さまざまな大学や企業の社会貢献事業の中にも保育にかかわる心理職のアウトリーチと言えるものがある。

これらのアウトリーチは挙げればきりがないので割愛するが，筆者が臨床心理士として，東日本大震災以降，陸前高田市の仮設住宅や子ども支援のための調査隊に参加した折に訪れた市立保育園の事例を次に挙げておきたい。

事例9　公立保育園における心理臨床専門家のアウトリーチ事例

陸前高田市のP保育園は，2011年3月11日の大地震発生時はちょうど園児の昼寝の時間だった。大急ぎで園児を起こして防災頭巾を着けさせて，イスの下に潜らせた。遠くの堤防から津波が見えたときには，直ぐ下の中学校の生徒が園の横を通って高台の廃校になった高等学校の校庭に避難するところだったので生徒に手伝ってもらって，園児を全員無事に高台に避難させることができた。

津波が引いた後の保育園の駐車場では車が流されていて，園舎も床上30センチほど浸水していた。雪の降る寒い日で園児たちは，高台にあるQ小学校の体育館に避難した。理事長も副理事長も津波で亡くなってしまったにもかかわらず，職員は全員無事だったこともあり，R園長の判断でおよそ1か月後に園を再開した。

震災後，長期にわたりユニセフの心理臨床専門家が園児と保護者のこころのケアにかかわってくれた。プレイセラピーや絵画療法，音楽療法や，職員への心理臨床的な子どもへのかかわり方を指導してもらった。津波災害後暫くは，園児の間で津波遊びや，津波の絵を描く子どももいたが，いまはそういったこともなく，落ち着きを取り戻している。仮設住宅に長いこと生活をしている家庭の子どもに，おねしょや乱暴，無気力などの訴えが増えているので，今後は，保護者へのカウンセリングを強化する必要を感じている。

第5節　その他の心理職のアウトリーチ

　心理職，実践家，研究者によるさまざまな著作活動や，大学の公開講座，大学の卒業生のフォローアップ支援，地域の子どもや保育の支援センターで発行するニュースなどへの投稿，放送大学の保育にかかわる心理臨床にかかわる講座なども広い意味でのアウトリーチと言えるだろう。
　次に掲げるエピソードは，筆者が友人の大学教員から委託されて行なった卒業生へのアウトリーチの事例と，四国の子育て支援センターから出されているニュースに臨床心理士が継続的に子育てにかかわるコメントを掲載している事例である。

事例10　S大学児童教育学科卒業生に対するフォローアップ支援の事例

　東北にあるS大学児童教育学科のT教授に依頼されて，関東地方に就職をした卒業生のためのフォローアップのグループワークを八王子にあるUセミナーハウスで行なった。
　具体的には，保育園，幼稚園，小学校で働き始めた卒業生7名を対象に8月に3泊4日のベーシックエンカウンターグループ（BEG）を実施した。就職後，夢中で過ごして来た初任4か月目をそれぞれが振り返り，地方から出てきての慣れない1人暮らしや戸惑い，職場の厳しさと楽しさ，さまざまな書類づくりの煩わしさ，失敗談，遠距離恋愛など個人的な内面の交流を行なった。BEG終了時にはそれぞれが気持ちの整理をして，生き生きと各自の職場に戻っていった。
　それから4年経過して，数日前に横浜中華街で参加メンバーと新年会を開いた。結婚で郷里に戻ることになっている1人を除いて，それぞれの職場に定着しているとのことだった。初任のころに学生時代の同窓と3泊4日のグループ体験をしたことは，新しい職場で社会人になったばかりの戸惑いを乗り越えるのにとても役に立ったとの感想が嬉しかった。

> **事例11** V地域子育て支援センターニュースと心理職のアウトリーチ例

　香川県のW子育て支援センターでは，子育て中の保護者向けのニュースを毎月発行して，地域の保育所や開業医（小児科）の受付け，保健所などに配布している。17年前に創刊されているのでそろそろ200号を迎える。医師や保健師などに混じって，噛みつき，好き嫌い，乱暴，歩行や言葉の遅れ，夜尿，夜泣きなどについて臨床心理士が依頼されて記事を書いている。

　筆者も，母親の心の安定が子どもに与える影響がとても大きいことなどに関して投稿したことがある。一方的なニュースレターなので読者の反応はつかみづらいが，ニュースの編者によれば毎月の行事予定が載っているので，センターでの医師や保育士，臨床心理士の公開講座の折などに，かなりの保護者が直接参加して育児上の疑問や不安に答えてもらっているらしい。地方でも核家族化が進んでいるので，保育上の貴重な情報源になっているとのことだった。

おわりに

　保育所を中心に心理臨床の専門家がどのようにかかわっているのかを事例をはさみながらまとめてみた。未だ保育所に心理職の配置制度や心理職の巡回制度，あるいは保育所に特化した公的な支援窓口といったものが確立されていないので，さまざまな形での心理職のアウトリーチに依存しているのが現状である。

　保育指針によって公的な指導や監査が行なわれるようになって久しく，どの保育所も一定の保育環境は保たれるようになってはいるが，公立にあっては都道府県や市区町村の財政的要因が，私立にあっては財政的・経営的要因が，保育所の一層の発展や向上に大きく影響をしているので，保育における心理臨床的知見や実践の効果はきわめて大きい（氏原他，1995. 馬場他，2002. 高尾，2003. 小田他，2006. 石崎他，2009. 中津他，2013）ことがわかっていても，実際の取り組みは各保育所に任されているのが実情である。

　したがって，保育所との心理臨床専門家のかかわりは，ほとんどすべてがアウトリーチにならざるを得ない。保育所との心理臨床専門家のアウトリーチに

は，

① 保育所が全体的な職員の保育の質を高めたり，さまざまな障害をもった幼児や対応がむずかしい保護者との対応，職員間の関係改善などのために，心理職がかかわる場合
② 保育所の職員が，保育関連の団体や組織が主催する講演，研修，事例研究，演習などに心理職がかかわる場合
③ 保育所の保育だけに特化していない団体や組織が主催する講演，研修，事例研究，演習などに心理職がかかわる場合
④ 保育所が大きな自然災害などに遭遇したときに，さまざまな団体や組織から一定期間心理職がかかわる場合
⑤ 著作活動を通じて心理職が保育にかかわる場合

などが考えられる。

待機児童の問題が改善されるにしたがって，認可保育所や無認可保育所の保育内容の質の問題や保育士の資質の向上，障害をもつ保育児の対応や保護者対応，障害を疑われる保育児の早期発見やそういった保護者の障害受容の対応などが徐々に大きな課題になることが予想される。保育年齢の子どもとかかわりのある専門機関に働く心理職や心理臨床の研究者は，機会と余力があったならぜひ保育分野へのアウトリーチにもかかわってほしいと思う。

2012年の「子ども・子育て関連3法」に基づいて，2015年度から子ども・子育て新制度が本格的に施行されている。各市区町村も地域の子育て支援の拠点を指定し，ベテランの保育士などを配置して，保育中の保護者を対象に育児相談・育児講座・交流保育・施設の地域開放のほか，地域の保育所との連携事業を始めるなど，これまでになく積極的な子育て中の保護者支援のための施策が動き始めている。残念ながら，こういった子育て支援の核となる保育所や保育士の資質の向上，特に保育士の子どもとのかかわりや保護者とのかかわり，保育者同士の協働的な関係づくりなどの心理臨床的な支援体制の構築が置き去りにされているような気がしてならない。

心理職のアウトリーチにかなり依存することの多い現状から，公立，私立を

問わずに地域の保育所を定期的に心理臨床の専門家が巡回をしたり，保育所の求めに応じて講演，研修，事例研究など，適切に心理職を派遣する必要がある。そして心身に困難をかかえる子どもの対応などについて，さまざまな専門機関との連携がしやすいように調整ができる保育所のための支援センターなどの設置といった社会的システムが1日も早く整えられることを願ってこの章を終わりたい。

引用・参考文献

馬場禮子・青木紀久代（編）　2002　保育に生かす心理臨床　ミネルヴァ書房
石崎朝世（監修）　2009　保育に役立つ発達過程別の援助法　日本文化科学社
厚生労働省　2008　保育所保育指針　フレーベル館
厚生労働省　2008　保育所保育指針解説書　フレーベル館
中津育子・新堀友　2013　保育者のこどもへのかかわりについての心理臨床的意味付け　鳴戸教育大学研究紀要
小田豊・菅野信夫・中橋美穂（編）　2006　保育臨床相談　北大路書房
清水幹夫　2011　心の星座ワークの発展過程とカウンセリングへの適用可能性　法政大学大学院臨床心理相談室報告紀要 Vol.8 pp.13-22
新沢誠治　2014　保育の源流を探り明日を考える　全国私立保育園連盟　保育通信 No.706 pp.24-25, No.707 pp.38-39
高尾兼利・平山論（編）　2003　保育と教育に生かす臨床心理学　ミネルヴァ書房
氏原寛・東山紘久　1995　幼児保育とカウンセリングマインド　ミネルヴァ書房

第6章
児童養護施設・乳児院における心理臨床

若松亜希子

第1節　児童養護施設における心理的援助

1-1　子どもが児童養護施設にやってくるまで

　少子化が進む昨今，子ども虐待の児童相談所への相談件数は年々増え続け，2013年にはこれまでに最多の7万3765件の相談が寄せられた。そして，児童養護施設で暮らす子どもの半数以上が虐待を経験してきている。

　子どもを取り巻くさまざまな社会的環境は大きく変化し，夫婦をはじめとする家族成員の役割や家庭のあり方も多様化してきている。貧困や経済的な問題，社会的孤立，親の疾病や社会的未成熟など，家庭におけるさまざまな問題が子育てを困難にする要因となる。家庭内で起きる葛藤や問題が解決に向かわず複合的に積み重なったとき，家庭内でいちばん弱い存在である子どもにそのしわ寄せが向くことによって「虐待」という現象が生じる。

　子ども虐待が生じている家族は，多くの問題を複合的に内包しているため，その家族を援助するには多くの時間と多様な方法が必要となる。中には援助されること自体を拒否するような家族もあるが，子ども虐待への援助は，たとえ家族が援助を望んでいなくとも提供されなくてはならない。

　しかし，そのような家族に援助の手を差し伸べることは非常にむずかしく，援助者側の力量や柔軟性が大きく問われるものであるし，多くの援助機関が協働して全力で取り組んだとしても，家族にその姿勢が伝わらない場合もある。ときには，子どもの安全を第一に考えたうえで，強制的に家族に介入する場合も出てくる。

第6章　児童養護施設・乳児院における心理臨床

　こうした子ども虐待の問題に最前線で取り組んでいるのが児童相談所である。児童相談所には，子育てに何らかの不安や困難をもつ親が自ら相談してくる場合もあれば，「毎日，近所の家からひどい子どもの泣き声が聞こえる」「うちの保育園に通っている子どもの体にいくつも痣がある」などの虐待通告をもとに対象となる家族に援助を開始する場合もある。

　援助が行なわれていく中で，家庭内で子どもを育てていくことが困難な状況であると判断された場合，子どもは一定期間，児童相談所の一時保護所で生活をすることとなり，その後，乳児院や児童養護施設，あるいは里親家庭等の社会的養護のもとで生活する（図6-1）。

　このように児童養護施設で暮らす子どもたちは，家庭においてさまざまな過酷な体験をしてきているとともに，家庭から一時保護所へ，一時保護所から乳児院へ，乳児院から児童養護施設へ……というように，生活環境を転々とする

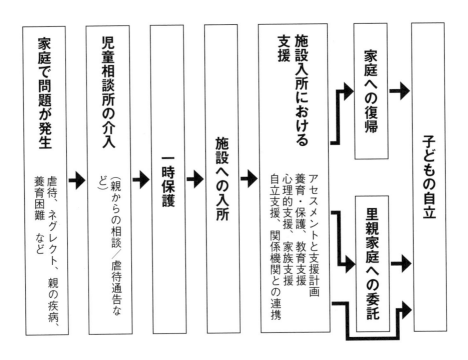

図6-1　児童養護施設における入所から退所までの流れ

ことを余儀なくされている。

　子どもたちは成長や発達において重要な時期に，主要な養育者との関係や自己の歴史が細切れに分断されてしまっている。そして，これらの措置はすべて，自分自身の意思とは無関係に行なわれていると感じている子が多いのも事実である。多くの子どもは，自己コントロール感をもてず無力感を抱え，大人に対する不信感でいっぱいの状態で施設にやってくる。家庭における虐待体験に加えて，その後の「援助」がその意図とは正反対に作用してしまい，子どもの心の痛みを生む場合があるという現実についても，援助者は敏感になっておきたい。

1-2　養育・生活をベースとした心理的援助

　児童福祉法第41条によると，「児童養護施設は，保護者のない児童（乳児を除く。ただし，安定した生活環境の確保その他の理由により特に必要のある場合には，乳児を含む），虐待されている児童その他環境上養護を要する児童を入所させて，これを養護し，あわせて退所した者に対する相談その他の自立のための援助を行なうことを目的とする施設」であり，1歳〜18歳までの子どもたちが暮らしている。

　児童養護施設は，第二次世界大戦後の混乱した社会の中で，戦災孤児や浮浪児などの要保護児童への緊急保護対策としてスタートしたという歴史がある。それから半世紀以上が経過した現在，養護ニーズは当時のものとは大きく変化しており，そのような変化に対応すべく児童養護施設の機能も多様化してきている。

　児童養護施設では，児童指導員，保育士，教員，社会福祉士などの資格をもった職員を中心に，心理療法担当職員，家庭援助専門相談員（ファミリーソーシャルワーカー），里親援助専門相談員などの職種も配置されている。直接的に子どもの生活・養育の援助を担当する職員の配置数が最多で，24時間交代制で子どもと生活をともにする。

　いわゆる「親代わり」としての役割であるが，そこにはソーシャルワークや保育・養育の専門職としての機能が内包される。児童養護施設の機能に関する研究を行なっている伊藤（2007）は，児童養護施設に期待されているレジデン

シャルワーク機能について以下のように整理している（図6-2）。

児童養護施設は，非常に重要な家庭代替機能である「養育・保護機能」をベースにして，「教育的機能」「治療的機能」「家族援助機能」「地域支援機能」を個々の子どもにあった援助として展開していく。そしてこれらはすべてが統合的に機能し，援助のゴールである子どもの「自立支援機能」（家庭への復帰も含む）につながっていく。

まず，子どもにとって大切なのは安全で安心できる「生活」である。そのような「生活」をしっかりと支え，信頼関係でつながれた大人（養育者）の存在が，子どもにとっては何よりも大事であるということがいえる。施設では，生活援助ワーカー（児童指導員，保育士ら）が子どもの養育者の役割にあたる。施設にやってくる子どもは，過酷な環境で育ち，大人への不信感でいっぱいで

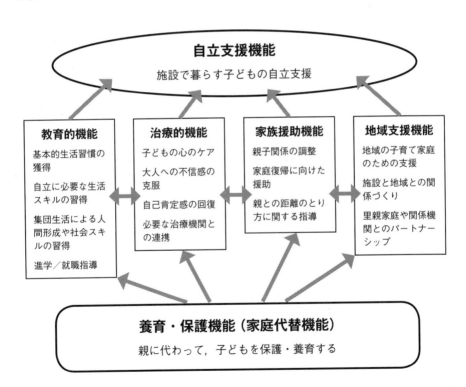

図6-2　児童養護施設に期待されるレジデンシャルワーク機能（伊藤，2007より引用）

あるため，さまざまな行動化によって生活がたちゆかなくなることも多い。施設の生活援助ワーカーは，そのような子どもたちと常に真摯な姿勢で対峙し，しっかりと腰を据えて子どもの声を聴くとともに，声にならない子どもの気持ちも汲みとり手をさしのべる—そういう地道な「心理的な援助」を，昔も今も，そしてこれからも，子どもの「生活」を支える中でさりげなく提供している。

　1999年より施設内に心理職が配置されることとなったが，このような施設実践の積み重ねが長年にわたってすでに存在してきた中で，あえて心理職がその援助者の輪の中に加わり「心理的な援助」を行なうとしたら，心理職として何ができるのだろうか？　そして，心理職に対して何が求められているのだろうか？　生活施設という枠組みの中における心理臨床について次に考えていく。

1-3　児童養護施設における心理職の役割

　先述した児童養護施設のレジデンシャルワーク機能（図6-2）のうち，心理職と関係があるのは「治療的機能」だけであると単純に考えてしまう人もいるだろうし，筆者も現場経験のなかった未熟なころにはそのような誤解をもっていた。

　もちろん，心理職の専門分野である個別心理療法（プレイセラピー，カウンセリング等）や心理検査を通したアセスメントなど，治療的機能に心理職が寄与できる役割は大きい。しかし，実際に現場で機能している心理職は，「養育・保護機能」「教育的機能」「治療的機能」「家族援助機能」「地域支援機能」「自立支援機能」といったすべての機能に関与し，それらが円滑かつ効果的に機能するように，臨床心理学的な視点をもってバックアップする役割を果たしている。

　これまでに行なわれている施設心理職の役割や援助内容に関する調査研究においても，個別心理療法に次いで，生活援助ワーカーへのコンサルテーションや子どもの生活場面への参与活動が重視されていることがわかる（加藤，2002．井出，2012a）。そして，心理職の経験年数が増えていくにつれて，子ども個人を対象にした援助（個別心理療法やコンサルテーション）から，子どもを取り巻く環境を整える援助（集団心理療法，家族面接，外部機関連携）が実施されるようになり，最終的には施設全体のケア能力を高める援助（施設内研修の実

施等，生活援助ワーカーのスキル向上に向けた援助）が行なわれるようになるなど，心理職の活動内容に大きな発展がみられる（塩谷，2014）。

　これらの知見からも，心理職が自己完結的に個別心理療法を行なうだけでは役割として十分でないことがわかる。施設内の児童指導員，保育士，ファミリーソーシャルワーカー等の他職種と協働することに加え，施設外の児童相談所，学校や幼稚園・教育相談所等の教育機関，医療機関などとも広く協働しつつ子どもの援助にあたる必要がある。最終目標である「子どもの家庭復帰」や「施設からの自立」に向かって，施設内外を含めた大きな援助チームの一員として，心理職が十分に機能することが求められている。

第2節　援助計画と心理職の参加

2-1　援助の中核となるもの

　何らかの事情で家庭から施設にやってきた子どもへの援助は，施設に入所したらそこで終わりではない。むしろそこからが，家庭を再構築するための本格的な援助のスタートなのである。子どもの多くは「早くおうちに帰りたい」「早くまた家族と一緒に暮らしたい」「おうちで"ふつうの"生活がしたい」と願っているため，援助者はその気持ちを受け止め，真摯に応えていけるよう努力したい。

　施設における援助の中核となるものとしては，大きく分けて2つの軸があると考えられる。1つめの軸としては，子どもへの安全・安心の担保としての保護と，生活を中心とした治療的養育である。治療的養育の中には，自立への援助や心理職が行なう狭義の心理療法（カウンセリングやプレイセラピー等）も含まれる。

　そして2つめの軸となるのが家族への援助である。家族を援助するにあたっては，家族分離に至った要因は何かを見極め，不全に陥っている家族機能を補完及び強化するためにどのような援助が必要かをアセスメントし，援助計画を立てて実行していく過程が重要となる。家族機能が回復・補完され，子どもが家に帰ることが可能だと判断されれば速やかな家庭復帰をめざす。

　その一方で，家族機能の回復・補完が不十分あるいは困難であると判断され

れば，親子は互いに離れた場所で生活しながら「家族のあり方」を模索していくことになる。この場合，子どもは施設から社会に自立していくことになるため，自立に向けた援助も展開されていく。

これらの援助を統合的に行なっていくためには，他職種である生活援助ワーカーやソーシャルワーカー等との連携及び児童相談所をはじめとする他機関との連携が欠かせない。

2-2　ソーシャルワークの援助過程への参加

太田（1999）によると，ソーシャルワークの援助過程は「エンゲージメント→アセスメント→プランニング→インターベンション→モニタリング→評価・終結」といった一連の局面が促進したり循環したりしながら展開し（図6-3），その結果は施設や機関の運営方針や援助方針を形成し，地域資源の改善・開発や制度・政策の構築や運営等にも影響を及ぼす。

このような援助過程に，援助チームの一員としての心理職の活動も組み込まれている。施設で実際に行なわれている援助計画が「児童自立援助計画」であり，この計画に基づいて統合的な援助が実施されている。関係者全員，援助目標を共有しながら共通のゴールに向かって歩いていく。援助計画立案の際には心理職も加わり，心理職としての立場からの見立てや意見を伝え，他職種とともに協働で援助目標を立てることとなる。

以下，太田（1999）の解説する各局面の機能を参考に，それらの各局面において心理職がどのように参加するかについて述べる。ここではひとつの例としてあげていくが，心理職の援助過程への参加の仕方については，各施設や各システムの風土に合わせたさまざまな方法があることを述べておきたい。

①エンゲージメント（受理面接）

対象となる子どもや家族と援助者がはじめて顔を合わせ，援助の取り決めを確認しパートナーシップを形成していく，援助の準備段階である。施設職員が児童相談所の一時保護所に出向いてはじめて子どもと会ったり，児童相談所や施設等の場所ではじめて家族と面接をしたりする場面がそれにあたる。

この段階で心理職が直接かかわるのは稀かもしれないが，施設の考え方によ

第6章　児童養護施設・乳児院における心理臨床

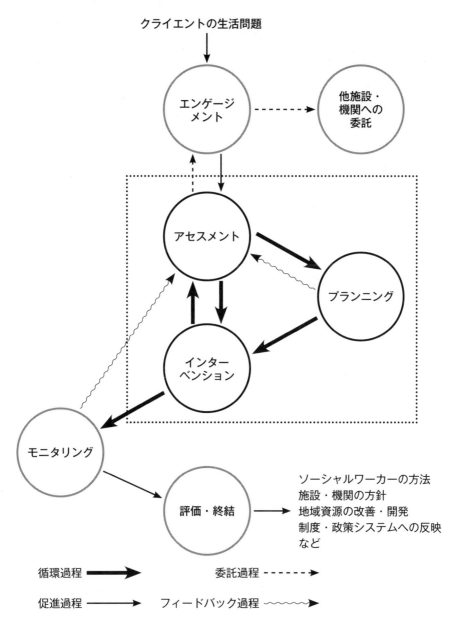

図6-3　ソーシャルワークの援助過程（基本型）（太田, 1999より引用）

っては心理職も同席してエンゲージメントを行なう場合もある。

②アセスメント（事前評価）

　可能な限り子どもや家族の情報収集を行ない，その情報の取捨選択から問題の客観的で正確な理解をとおしてプランニングやインターベンションへの方向性を示す専門的判断を行なう認識過程。問題に関することや，子どもや家族の対処能力と強さに関すること，必要な資源やサービスなど環境に関することなどの情報が集まる段階である。

　心理職は，集まった情報について心理臨床の立場からの見立てや意見を提供していく。また，心理職が実施した心理検査の結果や，子どもの生活場面の様子から得られた心理臨床学的な見立て，子どもや家族との面接から得られた情報なども有用なものとなる。多職種から集まった情報を適切に整理し，それぞれの関係性や意味を確認し合いながら専門的判断を生み出し，プランニング・インターベンションへの示唆が得られる。このようなアセスメントは，ゴール達成まで繰り返し行なわれる。

③プランニング（援助計画の立案・作成）

　問題をアセスメントした後，具体的な問題解決のためのゴール設定と終結までの手順を描いていく局面であり，達成目標の明確化，活用すべきシステムへの焦点化，援助者の具体的役割及び課題の設定などを行なう。

　心理職は他職種と話し合いながら，自身が担う役割を決定する。そして，多職種協働で定めた全体の達成目標につながるような「心理職としての達成目標」を設定していく。

④インターベンション（介入）

　アセスメントやプランニングをもとに導かれた具体的方法や手続きの積極的実施の局面である。心理職のインターベンションの代表的なものとしては，子どもへの個別心理療法やグループ療法等の実施，生活場面に参与しながらの治療的アプローチ，日々起きる子どもの問題行動や症状について生活援助ワーカーらとコンサルテーションを実施すること，子どもの家族の問題についてソー

シャルワーカーらとコンサルテーションを実施すること，子どもの家族との面接などがあげられる。

　援助がスムーズにいかなかったり，新たな問題が発生したりした場合は，再度アセスメント局面へ移行するフィードバック機能の活用が重視される。また，実際にインターベンションが行なわれる中で新たな情報が蓄積され，子どもや家族についての見立てや理解がさらに深まっていくものである。蓄積された情報を再アセスメントに活かせるように常に整理していくことも必要であるし，心理職のほうから再アセスメントの必要性を提案する場合が出てくることもあるだろう。

⑤モニタリング（経過観察）
　援助過程における新たな問題発生の見直しと，評価・終結への判断を行なう機能である。心理職も他職種と協働でモニタリングを行なう。

⑥評価・終結
　これまでの援助過程のゴールと達成目標の意味を明確にすることであり，援助方法の分析である。終結は，契約された援助過程の終わりであり，その結果をソーシャルワーカーの方法や施設・機関の方針などにつなぐ役割を果たす局面である。

　以上，ソーシャルワークの援助過程に心理職が参加する方法について1つの例を提示した。心理職がソーシャルワークの援助過程に参加して機能する場合と，援助過程に参加せずに心理職独自のアプローチのみで機能する場合とでは，心理療法やコンサルテーションの目標設定が大きく異なってくることが予想される。
　心理職が施設に配置されてからこれまで，生活援助ワーカーやソーシャルワーカーらとの連携の難しさが指摘されてきているが，援助の中核にあるソーシャルワークの援助過程に心理職が積極的に参加する姿勢をもつことが，質の高い連携が実現できる要因の1つだといえるだろう。

第3節　生活の治癒力

3-1　ケアの基盤：生活の治療的意味

　過酷な環境で育ってきた子どもにとって，施設における安定した生活そのものが治癒的にはたらく。たとえば，朝起きて朝食を食べ，時間どおりに学校へ登校し，帰宅後宿題をしたあと友達と遊び，温かい夕食の食卓をともに暮らす皆で囲み，好きなTVを少し観たあと，大人のそばで安心して眠りにつく——こうした，何気ない日常の営みそのものを体験してこなかった子どもが多い。

　三食きちんと食事を摂ること，清潔な洋服を着ること，暖かい布団で寝ること，暑さや寒さが調節されること，淋しいときや怖いときには大人が近くに居て安心させてくれること——このような当たり前の生活をとおして，子どもは「自分は大切にされるべき存在である」と感じたり，「世の中は安全で安心である」と感じたりできる。施設に入所してからしばらくは，このような安定した生活リズムになかなか慣れずに情緒も行動も落ち着かない子どもも多いが，数か月すると心地よく過ごすことができるようになる。

事例1　食事場面からみる子どもの変化

　3か月前に施設に入所した8歳の女の子Aちゃん。Aちゃんは食事の好き嫌いがとても多く，食事場面になると機嫌が悪くなってしまうので，生活援助ワーカーは困り果てていた。ある日，家で生活していた頃の食生活についてAちゃんが話すことがあった。家ではインスタント食品やファーストフードの食事ばかりで，野菜や魚，煮物などは食べたことがなかったという。

　それを聞いた生活援助ワーカーは，Aちゃんに好き嫌いが多いのは当然のことだと納得できて，対応に余裕が持てるようになった。また，Aちゃんが食べ物に興味がもてるように一緒にスーパーで買い物をしながら食材の説明をしたり，食事づくりの簡単なお手伝いをしてもらったりしたところ，少しずつAちゃんの好き嫌いは減り，食べられる料理が増えていった。

事例1のように，生活場面の中で何気なく，しかし緻密に配慮されたかかわりが1つひとつ積み重なって，治療的養育環境がつくられていく。

大切なのは，子どもの行動をすぐに「問題だ」と決めつけないことや，すぐに「できていないから指導する」などの援助に陥らないことである。援助者は子どものもつ背景をていねいに理解するよう努め，子どもの行動を了解可能なものにしたうえで，対応の仕方を考えていくことが求められる。

心理職は，生活援助ワーカーが子どもを理解し，質の高い治療的養育を提供できるよう，後方からサポートする役割を担う。そのため生活援助ワーカーとの信頼関係形成が重要であり，連携を密に行なう必要がある。

3-2　対人関係の基盤としての関係形成

子どもが成長・発達していくうえで，育ててくれる養育者との間に愛着関係を築いていくことが重要な土台になる。安定した愛着関係は，基本的信頼感をはじめとした健康的な情緒発達のために不可欠な要素を子どもの中につくりあげる。

事例2　好きな大人なんていない

5歳の男の子Bくんは，公園で初めて会ったおじさんに「お菓子ちょうだい」と躊躇することなく話しかけてしまう。施設に来たお客さんにもすぐにベタベタと寄っていくなど，不自然な距離感で接してしまう。

その一方で，Bくんを担当する生活援助ワーカーとの関係は深まらず，「僕は好きな大人なんていない」と淡々と話すこともある。

施設で暮らす子どもは，家庭，一時保護所，乳児院，児童養護施設など生活する場所を転々とすることも少なくない。また，施設養育の現場では，子どもを担当している職員の入れ替わりや退職などの問題が常に存在し，子どもが一定の養育者との間で十分な愛着関係を形成できることが保障されていないのが現状である。

養育する大人が一定しないことは，不安感，孤独感，見捨てられ感など，子どもの心に多くの傷つきをもたらすだけでなく，子どもの愛着形成にとって危

機的な状況であるといえる。加えて、虐待やネグレクトを受けた子どもは安定した愛着の形成が阻害されてしまうことも指摘されている。

昨今の施設養育現場では愛着の重要性が認識されはじめ、施設養育の質を向上すべくさまざまな工夫がされてきている。生活援助ワーカーと子どもの間に、安定した愛着関係や信頼関係が形成されるような援助体制が整えられることが必要であり、心理職もこのような視点をもった心理臨床活動が求められる。

3-3 生活における問題行動や対人トラブルへの対応

子どもが生活を送る中で、問題やトラブルが起きることは少なくない。さまざまな葛藤を抱えた子どもたちは、些細なことで怒りやすかったり、挑発的・支配的な態度をとったりすることでトラブルが起きやすく、暴力や破壊行動などの問題が起きたり、自傷行為や反社会的行為に至ることもある。複数の子どもが集団で生活しているという施設の構造が、さらにむずかしい問題を引き起こす。ほかにも、食・睡眠・排泄に関連した問題や、抑うつや解離などの精神症状がみられる子どもも少なくない。

事例3　怒り感情の爆発

小学2年生の男の子Cくんは、夕飯のハンバーグが自分のものだけ小さいといって感情を大爆発させた。生活援助ワーカーがすべて同じ大きさにつくってあると説明しても、怒りはまったくおさまらなかった。生活援助ワーカーは心理職と連携し、Cくんの生い立ちを本人からじっくりと聴いていくこととした。

Cくんは施設に来る前、家庭の中で他の兄弟たちと差別され、Cくんだけが親から虐待を受けて育っていたのだが、そのことが大きなダメージを与えていることがわかった。Cくんは「自分はとてもダメな子だから、親は自分を嫌いで施設に捨てたのだ。こんな自分のことは、誰も好いてなんかくれない。他人と差別されて当たり前だ」と、とても大きな被害感情をもっていることがわかった。

事例4　解離症状

中学2年女子のD子さんは、親からの身体的虐待によって施設に入所した。

D子さんは，食事場面や，皆で会話している最中など，ふとしたときにボーッと一点を見つめて動かなくなることがある。学校でも，嫌いな授業だと1時間くらい記憶がなくなってしまうことがあるという。
　生活援助ワーカーは心配して心理職の面接につなげたところ，D子さんには解離症状があることがわかった。この症状は身体的虐待を受けたことによる影響だと考えられ，継続的な心理治療が開始された。医療機関への受診も検討されることとなった。

　生活上の問題が発生したとき，子どもの目の前にいて対応するのは生活援助ワーカーである。激しい行動化が起きたり，トラブルが大きかったりすれば，1人の職員では対応しきれず，他の職員が応援に駆けつけるような場面もある。心理職としての役割は，このような行動化や症状を起こす子どもの内面をどう理解し，何が要因となってそれらが引き起こされているのかを探り，子どもの行動化や症状が落ち着くためにどのような対応をすればいいかについて，生活援助ワーカーとともに考えていくことである。行動は子どものこころから発せられるサインであると捉え，生活援助ワーカーと協働で子どものこころの声を聴き，こころに手をあてて子どもが安心感を得られるような援助をめざす。
　まずは生活援助ワーカーからの情報収集（子どもの特徴及び行動化やトラブルの内容を詳しく知ることなど）が必要になる。そのための方法の1つとして，施設内の会議に参加することがあげられる。会議では，子どもの生活の様子やソーシャルワークの動きなどについて，簡潔でまとまった形で報告されるため，すべての子どもの情報を全体的に把握することができる。子どもが不安定な状態であるという情報を事前にキャッチし，心理職のほうから子どもを心理面接につなげることを提案したりして，予防的に心理的ケアを導入できる場合もある。
　また，心理職が生活場面に参与する形で情報が得られることもある。子どもが暮らす部屋の食事場面に同席したり，一緒に遊んだり，施設行事に参加したりして子どもと接することで，自然な状況での子どもの特徴を把握できる。生活場面で子どもと直接かかわってみることで，子ども同士の関係や生活援助ワーカーとの関係など，見えなかったことが見えてくることもある。生活におけ

るケアは生活援助ワーカーが中心となって行なうが，子ども同士のトラブルが生じたときにその場に心理職がいれば仲介に入ってトラブルをおさめることがあったり，子どもが大暴れしたときにクールダウンできるよう介入したりすることもある。後に個別心理療法でそれらのことを扱える場合もある。

一方で，情緒が抑制的で要求や甘えを過剰に抑えてしまうタイプの子どもの場合，生活援助ワーカーからすると「問題のない良い子」という印象をもたれ，派手に問題を起こす子どもに比べて見落とされがちになる。しかしそのような「良い子」は，ストレスを溜め込んだ結果，思春期以降にさまざまな行動化に発展する場合も少なくない。そのような子どもを早い段階で見きわめて手をかけていけるように，心理職が生活援助ワーカーにはたらきかけることも効果的である。

生活援助ワーカーは24時間交代制で勤務しているので，確実に情報交換を行なうために定期的にコンサルテーションの時間を設けたり，ケースカンファレンスを行なったりすることによって，さらに多くの情報を得ることができ，問題への対応策について一緒に考えることができる。問題だと思われる行動や症状の背景にはどのような要因があるかについて，臨床心理的な視点からアセスメントしていく。必要な場合には知識提供として，子どもの状態に即した心理教育を行なう。

子どもの成育歴を見直して，家族との関係についての理解を深めることも有用である。この子には虐待やネグレクトの経験はあるか，愛着形成はどのような状態なのか，何歳のときに何を経験しているのか，そのときにこの子の立場だったらどう感じただろうか……などと，子どもの立場に立って詳しく成育歴を見直すことで，必要な情報の足らない部分が見つかったり，新たな見立てができたりする場合もある。

筆者が生活援助ワーカーと一緒に成育歴をていねいに見直した際に，「担当の子が壮絶な環境で育ったことが再確認できた。入所時に文面で読んでわかってはいたが，ていねいに見直すと，とてもリアルに子どもの置かれていた過酷さが伝わってきた。これなら，あの子が怒りでいっぱいなのがよくわかる」と，その生活援助ワーカーの共感的な理解がさらに深まり，子どもへの対応が変化したという例がある。

生活援助ワーカーにとっては，小さなことでいいからすぐに実行に移せる具体的な援助方法を見出したいという思いがある。重要なのは，心理職の考えを一方的に伝えるのではなく，生活援助ワーカーのもっている考えや知識をうまく引き出すことである。生活援助ワーカーはその問題についてどう感じているのか，これまでにどのような対応方法をとってきたのか，その中で効果があった対応方法はどんな方法かなど，生活援助ワーカーの考えや対応策についてより詳しく掘り下げていき，これまでに得た情報を統合的に整理しながら，生活援助ワーカーとともに最善の対応策を見出していく。

　心理職とのコンサルテーションをとおして，生活援助ワーカーが問題意識をもつ姿勢に積極性が生まれ，問題意識の整理及び焦点化が可能になるという効果がある。また，生活援助ワーカーがこれまで経験則や感覚で行なっていた援助を臨床心理学的な理論に裏づけられたものとして確認できる機会にもなる。多職種の意見や見立てを知ることで，子どもを多角的・多面的に見られるようになり，生活援助ワーカー自身のエンパワーメントやメンタルケアにもつながるといった利点もある。

3-4　家族にまつわる想いを汲みとる

　子どもたちは皆，「なぜ自分は施設にいるのか？」「なぜ家に帰れないのか？」「なぜお母さんは会いにきてくれないのか？」といった多くの疑問を抱えて生活している。子どもにとって家族のことはいつも心のどこかにひっかかっていて，そのひっかかりが原因で不安定になったりイライラしたりもする。

　子どもが自分のもつ疑問や不安，怒りや淋しさなどを言葉にすることができて，生活援助ワーカーに気持ちをじっくりと聴いてもらって，さりげなく心に手当てされるのが理想的だが，家族の話題はさまざまな心的葛藤を含んでいるため，子どもはストレートに言葉にできないことが多い。自ら「家族のことは考えないようにしている」と話す子どももいるし，そもそも家族に対する自分の気持ちがどんなものか，わからずに混乱している場合も多い。こうして整理できずに溜めこんだ感情が，一見，家族の話題とは関係のない些細な出来事をきっかけに大爆発を起こしてしまうこともある。

事例5 母への気持ち

　Eくんは月に1回の母との面会を楽しみにしているが，母はうつ病を患っていて体調が悪く，面会が急にキャンセルになることが多い。生活援助ワーカーがEくんに，母に会えなかったことで淋しい思いをしているだろうと伝えても，Eくんは「別に」と淡々とした態度をとるばかり。

　そんな中，Eくんは年下の男の子Xくんに対して，理由なく執拗な意地悪を繰り返すようになり，生活援助ワーカーから叱られることが多くなった。なぜEくんがXくんを攻撃するのかまったくわからなかった生活援助ワーカーだが，ある日Eくんが「Xが自分のお母さんに会うことを自慢してくる」とつぶやいたことを思い出した。「Eくんはお母さんに会えないのに，Xくんにお母さんの話をされるのはつらいね」と共感的に伝えたところ，Eくんは静かにうなずいた。その後，生活援助ワーカーとEくんとの心理的距離は縮まり，Xくんへの攻撃はおさまっていった。

　筆者の臨床現場における印象からは，家族にまつわる話題は，個別心理療法の場よりも生活の場で話される機会のほうが多い。食事や入浴，就寝時の場面など，家族と過ごしたころの記憶がふと思い起こされ，会話のきっかけになるのだろう。家族と楽しく過ごした思い出が語られる場合もあれば，親から叩かれたり食事をもらえなかったりしたというつらい思い出が「さらっと」語られる場合もある。それらはたいがい断片的に語られ，ふと現れてはふと消えていく。

　生活援助ワーカーはその都度，子どもの家族への想いを受け止めているが，会話が長く続けられなかったり，他の子どももいる中で1人の子どもとじっくり話せる時間がとれなかったりして，家族への想いをどのように汲みとっていけばいいか悩む場合も多い。そこで，心理療法の枠組みにおいて「ぜひ，子どもの家族への想いを聴いてあげてほしい」「過去の被虐待経験や，家族関係における問題について整理してほしい」と心理職が生活援助ワーカーから依頼される場合もある。しかし，1対1の心理療法の枠組みでは，子どもは家族の話題は回避的で話せない場合が多い。

　家族にまつわる想いや葛藤，整理したほうがよいことについて，誰が，どこ

で，どのようにして子どもと向き合えるのか。理想的なのは，自然な形で子どもが話したい時に話したい人に話せることであるが，家族のことは気になっていて話したいけれど話せない……という子どもの葛藤も汲みとり，無理のない形で子どもから話せるように促す機会が必要な場合もある。生活援助ワーカーと心理職はそれぞれの専門性を生かして，その方法や時機を協働で探っていくことが大切である。

3-5　治療動機をもたない子どもへのアプローチ

　行動化や症状がみられたり，家族との関係にまつわる葛藤や被虐待体験のケアが必要だと思われたりする子どもの多くに，個別心理療法が実施される。個別心理療法を開始するにあたっては，子どもを担当する生活援助ワーカーから依頼される場合や，心理職のほうから提案する場合，子ども本人から希望がある場合など，さまざまな導入のきっかけがある。

　しかし，中には「心理面接には行きたくない」「話すことがない」「行ってもおもしろくない」などと言って個別心理療法を拒否する子どもがいる。生活援助ワーカーのほうは心配なことが多いため，ぜひ個別心理療法を実施してほしいと思っていても，子どもの状態によってはつながらない場合もある。

　そのような子どもは，他者への不信感が強いために心を許して悩みを話すことができなかったり，自我が弱く自分自身の問題に直面化できないために心理療法で自分自身と向き合うのが困難だったりするのだろう。まずは，生活をともにする中で時間をかけて信頼関係を築き，少しずつ心を開いてくれるのを待つ姿勢が大切である。生活をともにしている生活援助ワーカーにならば，日常のふとしたときに，友達とうまくやれないことや進学や自立への焦りと不安，親との関係における葛藤など，さまざまな心配事について話せることがある。

事例6　生活をともにする中でうまれる絆

　「心理の人は嫌いだ」と個別心理療法を拒否していた中学生のＦ子。心理職は「生活援助ワーカーにはいろんな話ができているみたいだけど，心理職と生活援助ワーカーとでは何が違うの？」と，Ｆ子にダイレクトに聞いてみた。するとＦ子は「だって，生活援助ワーカーはいつもそこにいるから……仕方がな

い」と答えた。F子は「仕方がない」という言葉で表現したが，生活援助ワーカーは自分がどんな状態のときも，いつもそばにいて見守ってくれる存在だからこそ，本音を話せる人物だと感じていたのだろう。

　心理職は「あなたが生活援助ワーカーに心配事などを話せていれば安心だよ。これからもいろんなお話ができるといいね」と伝え，F子と生活援助ワーカーとの関係を深められるよう介入した。今後心理職としては，生活援助ワーカーとのコンサルテーションを通じて，間接的な援助を行なっていくこととした。

　事例のようなケースの場合，両者の関係性を深めることを主目的とし，心理職は生活援助ワーカーへの後方援助に力を入れることが求められる。生活援助ワーカーが子どもとのやり取りや対応で困ったとき，ていねいに相談を受けて一緒に考えていくことで，子どもへの間接的なサポートとなる。あるいは，心理職自身が日常生活で子どもと接する機会を多くもつことで，子どもが心を開くきっかけとなり，少しずつ心配事を話してくれるようになる場合もある。施設の中に心理職が配置されていることの利点の1つは，このような治療動機をもたない子どもたちに対しても，他職種と連携しながら介入できるという点があげられる。

第4節　個別心理療法によるケア

4-1　個別心理療法からの発展——生活援助ワーカーとの協働面接

　プレイセラピーやカウンセリングをはじめとする個別心理療法は，9割以上の施設で実施されている（東京都社会福祉協議会，2013）。施設で個別心理療法が実施される場合，構造や枠組みの問題（専用の部屋や備品が十分に用意されない，子どもの生活場所の位置が近すぎる等）や守秘義務の問題（他職種との集団守秘義務のあり方が明確でない），心理療法の内容の問題（どのような技法でどのようなテーマを扱うことが適当か，終結をどう考えるか）などが指摘され，さまざまな議論がなされてきているが，昨今，社会的養護分野における心理職の役割や活動にまつわる書籍も多くみられるようになり（下山ら，2010．増沢ら，2012．加藤，2012．東京都社会福祉協議会，2013），それぞれ

の心理職が各施設現場の文化や風土に合わせた活動のあり方を模索する一助となっている。

　施設での臨床経験をとおして筆者が感じることは，ほとんどの子どもは家族に対して複雑な葛藤を抱いており，それらが解消されないことによってさまざまな行動化や症状が引き起こされている場合も少なくないということである。そのような根深い問題を子ども1人で整理したり解消したりするのは困難をきわめるため，援助者が子どもと一緒にその作業を行なっていく必要がある。

　そこで筆者は合同心理面接という方法を取り入れている。子どもを担当する生活援助ワーカーに心理面接に同席してもらう方法である。信頼できる人物が近くにいることによって安心感が増し，子どもは家族の話題に向き合うことができるようになる。もちろん，子どもの年齢や心理状態及び家族との関係性，あるいは生活援助ワーカーとの関係性の質などによって扱う内容に違いはあるものの，心理職と2人で対峙する面接に比べると，飛躍的に家族の話ができるようになる。

　「なぜ親は自分のことを育てられないのか？」「親は自分のことを嫌いなのではないか？」「そんな自分に生きている意味があるのか？」といった子どもの気持ちを汲みとっていく中で，子どもが悪かったわけではないこと，親にはさまざまな事情があったこと，親を慕う反面怒りの気持ちももっていいことなどについて，子ども自身が理解し納得できるように援助していく。そして，家族の複雑な事情はそう簡単には解決しないものの，それらを共有してわかってくれている人（＝生活援助ワーカー）がいつもそばにいて，これからも一緒に考えていってくれるから大丈夫だと子どもが思えるよう援助していく。

4-2　合同心理面接の事例から

事例7　合同心理面接

　10歳女児のG子は，ネグレクトと身体的虐待を受けて3歳のときに施設に入所した。母とは不定期に交流を行なっていたものの，連絡がとれなくなることも多く，面会や外泊が突然キャンセルになることも少なくなかった。10歳になったG子はしばしば感情爆発を起こすようになり，おそらく母に対する感

情が原因であると考えられた。

　生活援助ワーカーと心理職それぞれが、生活及び個別心理療法の場においてＧ子の苦しみを分かち合おうとしたが、Ｇ子は母の話題に向き合えずに回避することが続いた。生活の中での感情爆発はひどくなる一方であった。心理職と生活援助ワーカーとの話し合いによって、Ｇ子の行動化を改善に向けるためには、Ｇ子の母への感情及び生い立ちを整理する必要があることが確認された。そして、それらの整理にＧ子１人で向き合うのは困難だと思われたため、生活援助ワーカーが同席してＧ子を心理的に支えながら進めていくこととなった。

　ある日の個別心理療法で、心理職からＧ子にこう投げかけた。「Ｇ子のイライラは、きっとお母さんへのいろんな気持ちが関係していると思う。Ｇ子がお母さんのことで苦しんでいるのがとても心配。その気持ちを話して整理することで、少しでもイライラを減らせるといいと思う。Ｇ子１人で話すのは不安が大きいようなので、Ｇ子を担当しているＹさん（生活援助ワーカー）も一緒に来て話すのはどうかな」と投げかけた。生活場面においても、Ｙさんから同様のことを投げかけてもらったところ、Ｇ子は「Ｙさんも一緒なら……」と躊躇しながらも合同心理面接を承諾した。

　合同心理面接を開始した当初は、Ｇ子はとても緊張した様子であった。まずは日々の生活で困っていることや、困っているときにＹさんにどんなふうに助けてもらっているのかといった話をしつつ、少しずつＧ子の家族についての話題を取り上げていった。母や父、祖父母はどんな人か、家ではどんな生活をしていたのかなどについて聴いていった。Ｇ子に家の見取り図を描いてもらいながら、好きな部屋と嫌いな部屋について教えてもらい、部屋の中であったエピソードなども聴いた。

　Ｇ子が現在の生活の中で困っていることとして、「毎日イライラする」ことを認識しはじめた。その原因はどこにあるのかについてＹさんと３人で考えていったところ、母からきちんと連絡が来ないことや、母に会えないことがイライラの原因になっていることがわかった。Ｇ子の淋しさや怒りの気持ちに共感しながら、「そもそもＧ子は、どうして施設に来ることになったと思っているの？」と心理職が聴くと、Ｇ子は押し黙って考え込んだ。そして、少しずつ母への怒りの気持ちを口にするようになる。「なぜ自分が暴力を受けなければな

らなかったのか」「お母さんはどうして自分のことを育てられなかったのか」そして、「お母さんは自分を嫌いだったのだと思う。自分は施設に捨てられた。だから会いに来るのも嫌なんだ」と話した。

　Yさんと心理職はG子の気持ちを共感的に受けとめ、G子が施設に来た経緯について話をした。Yさんから、母は自ら児童相談所に子育ての相談をしていたことが伝えられ、母は自分のしている暴力をなんとかしたいと思っていたのだから、G子のことを嫌いで施設に預けたわけではないと思うと伝えられると、G子は驚いたような表情をしていた。

　また、母は精神疾患の症状によって感情のコントロールがむずかしかったり、家事や子育てが十分にできなかったりしたのであって、G子が悪かったわけではないと説明された。その話を聴きながら、G子はじっと一点をみつめて考え込んでいる様子だった。

　それから数日後、G子は母に自分の気持ちを伝えたいと思い至り、母との面会の際に、Yさんに支えてもらいながら気持ちを伝えた。暴力を受けてとてもつらかったこと、でも自分が悪かったわけではないとわかったこと、今後はちゃんと会いに来てほしいこと——これらの気持ちを伝えた後のG子は、すっきりした表情をしていた。その後、G子の感情爆発は減少し、生活も落ち着いていった。母のほうも周囲のサポートを得ながらG子の気持ちを受けとめ、数年かけて状態が回復し、少しずつG子との関係を縮めていけるようになった。

　この事例では、ずっと母の話題を回避していたG子が、生活援助ワーカー同席による面接で、怒りをはじめて認識し表現することができたことが示されている。「母は自分を嫌いで施設に捨てた」という歪んだ認知が修正され、G子は母との関係修復に向かう自信がもてるようになり、日常生活における感情爆発は自然に消失していった。

　G子がこれらの作業に取り組むことができたのは生活援助ワーカーの存在が支えになっていたからであり、何かあればいつでも助けてもらえるという信頼感や安心感があったことで、目に見えない恐怖心をのりこえ、母や家族にまつわる問題に向き合う勇気がもてたといえる。生活援助ワーカーのほうもG子に対する共感的理解が深まり、両者の関係はより深いものとなった。従来の方法

に固執しすぎず，子どもの状態に応じて，心理療法の構造を柔軟に考えていくこともアプローチの1つとして有用だと思われる。

4-3　個別心理療法の終結

　心理療法が終結をむかえるにあたっては，主訴となっていた子どもの問題や症状が改善され，社会生活に適応できるようになることがその目安となる。しかし，施設の心理臨床において特徴的なのは，子どもが施設を退所する場合（家庭復帰，あるいは18歳での自立など）や心理職が退職する場合など，外的な要因によって終結せざるを得ないケースもあるということである。

　心理職からみると課題や問題が多く，それらが改善に向かうためには心理療法にかなりの時間を要するだろうと見立てられる子どもであっても，ソーシャルワーク過程の進み具合によっては，心理療法が十分に進んでいない段階でも家庭復帰の可能性が高まる場合もある。子どもの家庭復帰にあたっては，多職種が話し合いを重ねながら家庭復帰が可能かどうかを検討していくのだが，心理職の立場からも親や子どもの状態についての見立てや意見を伝えることが重要な役割になる。

　ソーシャルワークの援助過程を考慮せずに心理療法を行なっていると，突然子どもの家庭復帰が決まり，子どもの心理療法が中途半端な状態で終結せざるを得なくなるという事態が引き起こされる。施設という性質上，退所した後に心理療法を継続することは不可能であるから（アフターケアとして，心理療法とは違う枠組みでのかかわりは可能である），施設から退所するときにきちんと心理療法を終結する必要がある。

　子どもにとって「予期せぬ別れ」や「突然の喪失」は大きなダメージであり，これまでに体験してきたトラウマティックな体験と同様のことを心理職との間で体験させてしまうことにもなりかねない。心理職は常に他職種と連携し，子どもを取り巻くソーシャルワークの援助過程に積極的に参加する姿勢をもつことが大切である。

　終結に向けた面接では，家庭復帰や自立に向けて子どもがどんな気持ちを抱いているのか，家に帰った後の家族との生活や1人暮らしにはどんなイメージがもてるか，これから家族とはうまくやっていけそうか，不安や心配なことは

ないか，困ったことが起きたときに家族にも友人にも相談できない場合はどこの誰に相談するか……など，ていねいに子どもの気持ちを汲み取りながら先の見通しを立てて，セーフティネットの説明や活用の方法を伝えていけるとよいと思われる。心理職の退職によって終結となる場合には，退職する事実やその理由などについて早めに伝えたうえで，別れの作業をていねいに行なう必要があるだろう。

第5節　他機関との連携

5-1　児童相談所との連携

　児童相談所は，18歳未満の子どもや家族のさまざまな問題の相談にのる機関である。家族機能が低下し虐待の問題が増加している昨今では，相談援助活動に加えて家庭への指導的・強制的介入がなされることも増えてきている。

　施設は，児童相談所と密な連携を行ないながら子ども及び家庭を援助する。児童相談所が把握している家庭の情報を共有し，ともに援助計画を策定する。施設に来る前に家庭の中で何があったのか，どういう経緯で一時保護に至ったのか，家族成員の特徴や家族力動のありようなど，子どもや家族の情報を最も多く把握しているのが児童相談所である。担当の児童福祉司からできる限り多くの情報をもらいたいが，必要な情報が足りない場合は，施設側から積極的に働きかけて更なる情報をもらうことも大切である。

　児童相談所は，施設との連携に加えて，親が利用している医療機関や保健センター，生活保護担当ワーカーなどとも連携し，家族援助を行なう多くの機関をまとめる中心的役割を果たす。

　子どもの問題が大きくなり施設だけで抱えることが困難な状況になったとき，児童相談所に役割分担をして子どもとかかわってもらうこともある。たとえば盗みの問題が発覚した際に，児童相談所にはあえて指導的な役割をとってもらって施設職員はケアにあたる場合もある。また，子どもに家族にまつわる事実告知を行なう場合，児童相談所から子どもに話してもらう体制をとって，施設職員は子どもと同じ立場でその話を共感的に受けとめてケアにつなげるなど，役割分担の仕方を工夫している。数年に1回は児童相談所で心理判定（知能テ

スト等の実施）を行ない，継続的に子どもの認知面や学習面の特徴を把握することも大切である。

5-2　教育機関との連携

不登校傾向があったり，授業に集中できずに問題行動が起きたり，対人関係でトラブルが生じたりと，学校において問題がみられる子どももいる。子どもの特徴や，それぞれの特徴に合わせた対応の仕方，個人情報に配慮しつつ子どもがこれまで育ってきた環境やその影響等についての情報を教師らと共有することが必要となる。学校の担任や管理職らとケースカンファレンスや連絡会が開かれることもあり，心理職もその場に同席して情報を提供し，共有していくことが望ましい。

問題となっている行動の原因として，学習の遅れや認知面の偏りなどが関係していることも少なくない。学習障害のような特徴をもっている子がいたり，IQは高くても学習面で成果の出ない子もいたりする。知能テストや心理テストを実施して認知面の特徴を詳しくアセスメントし，学習援助に生かしていくことも必要である。また，それらの結果は特別支援学級等の利用について検討するための資料にもなる。教育相談機関とも適切な連携が必要である。

テストの結果を子ども本人にもわかりやすくフィードバックし，適切な学習方法について子どもと一緒に考えていくことも有効な手段である。

5-3　医療機関との連携

児童精神科や思春期外来などの医療機関を利用する場合もある。暴力や破壊行動及びリストカットなどの自傷行為がある場合，チック・抑うつ・夜尿・遺尿・遺糞・摂食障害・睡眠障害・解離性障害などの症状がある場合，ADHDや自閉症スペクトラムなど発達障害の傾向にある場合など，主訴はさまざまである。

児童相談所と連携しながら，直接医療機関に受診する場合もあれば，まずは児童相談所の嘱託医に医学診断してもらった後，継続的に医療機関にかかるかどうかを検討する場合もある。施設内で個別心理療法を実施している場合，その経過や見立てなどをまとめて医師に提出する場合もある。生活援助ワーカー

やソーシャルワーカーを通して受診時の様子や医師の意見を聴くことが多いが，ときには心理職が直接医師と連絡を取り合うこともある。子どもによっては施設内の生活援助ワーカーや心理職に話す内容と，外部の医師や心理職に話す内容が異なっていることもあるため，互いに連携しつつ子どもを統合的に理解していく。

医師から説明を受けた内容がわかりにくかったり，医師の意見を聞いて生活援助ワーカーが混乱してしまう場合もあるため，心理職が内容を嚙み砕いて生活援助ワーカーに説明し直したり，医師に直接その意図を確認したりするなど，仲介的役割を果たす場合もある。

第6節　家族への援助

心理職が直接家族と面接等を行なっている例は3割程度であり（東京都社会福祉協議会，2013），多くの心理職は他職種をとおして家族と間接的なかかわりをしている。さまざまな情報をもとに，多職種と一緒に家族成員の特徴や家族内力動のアセスメントをして，家族との交流のあり方や家庭復帰の可能性について検討する。家庭復帰を視野に入れた援助では，施設に入所する前と現在とでは家庭状況がどれくらい変化しているのか，経済状況や住環境はどうか，親の生活能力や養育能力はどうか，精神状態は回復しているのか，家族関係に不和や問題性はないか，新たなサポートを受けられる資源はあるのか――など多角的にアセスメントする必要がある。家庭復帰した後に再虐待が起きないような環境に子どもを返すことは目標の大前提である。

レイダーとダンカン（Reder&Duncan）は虐待死亡事例の分析を行なう中で，虐待行為をする親のもつ問題の中心には未解決の「ケア葛藤」及び「コントロール葛藤」という2つの心理状態があると示している。親自身が受けた虐待やネグレクトの影響により，自分は愛されていないと感じていたり，自分は無力であると感じていたりすることによって，子どもからの依存的要求に応じられなかったり，他者からのひきこもりがみられたり，暴力や脅しで他者をコントロールしようとする傾向がみられるという（Reder&Duncan, 1999）。

親の中で未解決のケア葛藤やコントロール葛藤がどれだけ存在するのか，そ

れらが子どもに対してどのような影響を及ぼしているのか，子どもが家庭復帰する際にはそれらの葛藤がどれだけ解決できているか，親への具体的な援助があるかどうか，葛藤が未解決であってもカバーできる社会資源がどれだけあるか——などについてていねいに検討していく必要がある。

その際，親が心を砕いて話ができるような信頼のおける人物が援助者の中に存在することが，より深いアセスメント情報をもたらすとともに，援助者との関係性自体が親にとって治療的な意味合いをもつ場合もある。心理職はもっと積極的に親とのかかわりを増やし，家族全体の援助に直接的に参加する姿勢が求められている。

第7節　乳児院における心理職の役割と援助

乳児院とは，児童福祉法第37条に基づき，乳児を入院させて養育し，退院した者について相談その他の援助を行なうことを目的とする児童福祉施設であり，主に1歳未満の乳児を養育しているが，実際には2〜3歳まで入所していることも多い。

乳児が施設で暮らす期間としては，1年未満が6割で，1か月未満の短期利用が3割弱を占めており，短期利用施設としての機能が大きいことがわかる。心理職は2011年に施設への配置が義務化された。

以下，2014年に厚生労働省から示された「乳児院運営ハンドブック」や，2013年に全国乳児福祉協議会から示された「乳児院心理職—赤ちゃんの暮らしと育ちを応援して」を参考に，乳児院における心理職の役割と援助について考えていく。

7-1　乳幼児への心理的ケア

乳幼児は生理的に脆弱で，心身の発育・発達が著しく，1人ひとりの状況を見極めた適切な養育を必要としている。乳児院における養育は，入所期間だけでなく「生涯」にわたる人間形成の基礎を培う。心理職の活動においても，以下に示すような心身の発達状態の把握が重要な役割になる。

① 身体・運動機能
　　反射や姿勢の様子や，粗大・微細運動などを含めた運動機能を把握する
② 認知・言語機能
　　発達・知能検査や行動観察などを活用して把握する
③ 社会的情緒機能
　　生活や遊びにみられるコミュニケーション能力や愛着形成・情緒表現などを把握する
④ 情緒調整機能
　　適切な注意の向け方や持続，不快な情緒や衝動のコントロールの状況などを把握する

　また，乳児院に入所する子どもたちは，健康な乳幼児のみではなく，虐待などで傷ついた子どもや，障害を抱える子どもも多くいる。乳児院は，乳幼児の基本的な養育機能に加え，被虐待児・病虚弱児・障害児などに対応できる専門的養育機能ももっている。
　子どもの心理治療という観点では，対象となる子どもの年齢が低いことからも，プレイセラピーをはじめとする個別心理療法等のアプローチよりも，生活全般にわたる発達支援に重点が置かれている（井出，2012b）。特に重要になるのが，愛着形成にまつわる援助である。誕生後3歳までの時期は子どもの愛着形成にとって最も重要な時期であるといわれており，その時期に主要な養育者が定まらない生活を送ることは，非常に危機的な状況であるといえる。
　そのため，乳児院では養育単位を小規模化し，子どもと担当保育士との愛着形成を促すと同時に，母親との愛着形成も促していく必要がある。しかし，虐待によって入所している子どもの場合，母親との愛着形成が非常に困難なケースが多い。母子関係の再形成を考えるにあたって，まずは母親自身への心理的ケアを提供することが必要になる。

7-2　保護者・家族への援助

　乳児院では，保護者がいない，または行方不明の子どもは少なく，退所後の家庭復帰は6割近い。しかし，保護者が子育てに対する不安感や負担感をもっ

ていたり，子育てに関する知識が乏しかったりする場合や，家族関係が複雑な場合も多く，家族全体に対する援助が必要である。心理職も，他の職員と連携しながら家族への援助に積極的に参加することが求められ，必要であれば積極的に他機関との連携も行なっていく。

事例8　家庭復帰に向けた母親援助

　母はHくんを身ごもってすぐに父との関係がうまくいかなくなり，Hくんを1人きりで育てていた。母自身，両親から身体的・心理的虐待を受けて育ってきており，子育てがとても負担であった。子育てに関する不安は，地域の保健センターの担当保健師が相談にのってくれていた。母は子どもの泣き声を聴くのがとてもつらく，子どもを抱き上げてあやすこともできない。うつ状態がひどくなって入院することとなり，1歳半だったHくんは乳児院へ入所することとなった。生活の中で，Hくんはとても過敏なところがあり，よく泣く子だった。保育士がなだめてもなかなか泣き止まず，抱かれ方も体をのけぞるようにして，抱かれるのを拒否するようであった。食事も好き嫌いが多くなかなか食べてくれなかった。保育士は心理職とも話し合いながら対応方法を検討した。Hくんにはていねいな個別対応を心がけたところ，数か月すると，関係も深まり，行動も次第に落ち着いてきた。

　5か月後に母が退院し，乳児院にHくんの面会に来るようになった。母は入院したことで精神的に落ち着いた状態であり，Hくんと親密にかかわれていた。面会の際に，乳児院の心理職とも話をするようになった。Hくんを育てる中で，自分の両親から受けた虐待の記憶がよみがえってきて，怒りや悲しみなどさまざまな感情が溢れ出るように襲ってきたとのこと。出産前は，そのような記憶を抑圧して生きてきたが，Hくんの泣き声を聴くと感情を抑えられなくなってしまうのだと話していた。いまは，Hくんとの生活が別々であるし，子育てについての疑問などを保育士さんに聞けるので安心だが，ふたたびHくんを引き取って暮らすことにはとても不安があるとのことだった。

　保育士と心理職は，役割分担して母のケアにあたることとした。保育士は具体的な子育てについてアドバイスし，心理職は母の心理的不安を受け止めていった。家庭支援専門相談員は，児童相談所や母の主治医と連携しながら，母の

住んでいる地域で援助してくれる機関を探し、家庭復帰に向けた環境を整えた。このような援助を受ける中、Hくんが3歳になるころに家庭復帰が実現することとなった。

事例8のように、乳児院の心理職が母親自身の被虐待体験の話を聴くような場面が出てくることもあるが、施設での面接は「心理治療」という位置づけというよりは、母が親機能を行なうための心理的援助であるという位置づけでとらえておいたほうがよいだろう。必然的に、児童相談所をはじめとする行政機関や医療機関（親がかかっている主治医など）との連携も多くなり、チームアプローチが重視される。

7-3　里親援助・地域援助

　乳児院は里親援助の拠点としての地域援助機能が期待されている。社会的養護においては、里親援助を優先して検討すべきであり、乳児院に措置された場合でも、早期の家庭復帰が見込めない場合などは適切な里親委託を進めるべきであり、里親援助機能の充実が必要不可欠である。

　子どもが乳児院から里親に委託されるときの支援はもちろん、退所したあとも里親や養親への援助を継続的に行なっていく必要があるだろう。加えて、児童養護施設に措置変更になった場合もアフターケアを施していく必要があるだろう。

事例9　子どもの人生をつなぐ

　5年生のIくんは、2歳半のときに乳児院から措置変更となり、現在は児童養護施設で暮らしている。Iくんの父母は行方不明であり、まったく連絡がとれない状態であるため、他の子が家族と面会や外泊交流を行なっているのを目にしたり、他の子が家族からおもちゃを買ってもらったりした話を聞くことがIくんにとって大きなストレスになっていたものの、その気持ちを素直に職員に話すことができずにいた。

　そのためIくんは些細なことでたびたび感情爆発を起こして他の子とトラブルになり、職員を困らせていた。ある日、他の子とケンカになって職員から注

意されると,「どうせ誰も俺のことなんか好きじゃないんだ！ お父さんもお母さんも,俺のことは必要ないから捨てた。だから,俺が生まれてきた意味はない。死んだ方がマシだ！」と叫んだ。

　このⅠくんの言葉を聞いた職員は,Ⅰくんが生まれ育った乳児院に,Ⅰくんを連れて訪問する計画を立てた。Ⅰくんが赤ちゃんのころ,乳児院の職員に大切に育てられていたことを知ってほしかったからだ。

　職員とⅠくんが乳児院を訪ねると,Ⅰくんのことをずっと担当してくれていた保育士さんが出迎えてくれた。Ⅰくんは保育士さんの顔や生活していた部屋の中をよく覚えていて,一気に懐かしさを覚えた様子だった。その後,乳児院に保管してあったアルバムを一緒に見て赤ちゃんのころの話を聴かせてもらったり,当時,Ⅰくんのところに面会に来ていた実母の情報を教えてもらったりした。実母は髪が長く背の高い人で,ヒマワリの柄のワンピースが似合う女性だったとのこと。Ⅰくんを出産したときは難産で大変だったが,生まれてきてくれて嬉しかったと保育士に話していたことがわかった。Ⅰくんは実母の話を食い入るように真剣に聞いており,自分が大きくなったら母を探しに行きたいのだと話した。

　翌日から,Ⅰくんの感情爆発は減っていった。乳児院で担当の保育士さんに愛情を込めてかわいがって育ててもらえていたことや,ほんの少しでも実母の情報を知ることができたこと,そして何よりも実母が「生まれてきてくれて嬉しかった」と思っていたと知ることで,Ⅰくんに心理的な落ち着きをもたらしたようだった。

　事例9のように,乳児院を巣立った子どもが,自分のルーツを確かめたいという思いで再訪することもある。このとき,担当していた職員と会って当時の様子について話が聴けたり,写真を見せてもらったり,そのころの子どもの保護者についての情報を教えてもらったりできることで,子どもにとって心理的な安定をもたらす機会になる場合もある。このような,子どもの人生に連続性をもたせられるようなていねいな援助が求められている。

　また,乳児院は子どもと家庭の援助においても重要な資源であり,地域社会に対して乳児院機能を活用してもらうなど,地域社会における他機関との連携

にも取り組んでいる。保護者による養育が緊急的・一時的にできなくなった乳幼児を預かるショートステイ（短期入所生活援助事業）等の子育て支援機能は虐待の予防にも役立つ乳児院の重要な機能であり，今後も推進されることが望まれる。

おわりに

　児童養護施設や乳児院は，子どもの成長・発達を促す養育の場である。心理職も子どもの養育に携わる一員として，養育の主体である生活支援ワーカーをはじめとする他職種と協働することが心理臨床活動の基盤となる。そのため，必要とされていることに合わせて，技術や方法論を柔軟に選び実践する姿勢が問われることになる。

　施設は，地域コミュニティとのつながりも大切にしており，ボランティア等の非専門職の方々も子どもの育ちを支えてくれている。日中に幼児とかかわってくれる保育ボランティア，小中学生に勉強を教えてくれる学習ボランティア，施設内に植木や花を植えるボランティア，子どものヘアカットをしてくれる美容ボランティアなど，多くの支えがある。心理職も職員の一員として，地域の行事やお祭りの手伝いに参加する場合もある。

　また，たとえば学習ボランティアで子どもに週に1回勉強を教えてくれるような継続的なかかわりがあれば，子どもとボランティアとの関係は深まっていく。子どもが学校や施設内で困っていることを話す場合もあるだろうし，逆に，子どものもつ対人関係のむずかしさがボランティアにも向いてしまって関係が悪化する場合もある。心理職が，間接的・直接的にボランティアから情報収集を行なったり，心理的サポートを提供したりすることも必要になるはずである。

　心理職が施設での経験を活かして地域の家庭の子育て相談を受けることも可能である。特に，里親や特別養子縁組等，社会的養護の背景をもった相談においては，力になれる部分が大きいと思われる。今後は心理職として，施設内における心理臨床だけでなく，地域における心理臨床にも活動の幅を広げていくことが求められていくだろう。

引用・参考文献

井出智博　2012a　児童福祉施設における心理職の現状　増沢高・青木紀久代（編）　社会的養護における生活臨床と心理臨床　pp.41-57　福村出版

井出智博　2012b　児童養護施設における心理職の活用に関する調査研究　科学研究費助成事業（科学研究費補助金）研究成果報告書

伊藤嘉余子　2007　児童養護施設におけるレジデンシャルワーク―施設職員の職場環境とストレス　pp.40-46　明石書店

加藤尚子　2002　児童養護施設における心理療法担当職員の現状と課題（1）―基礎集計報告―　日本社会事業大学社会事業研究所年報38　pp.153-174

加藤尚子（編）　2012　施設心理士という仕事―児童養護施設と児童虐待への心理的アプローチ　ミネルヴァ書房

厚生労働省雇用均等・児童家庭局家庭福祉課　2014　乳児院運営ハンドブック　社会的養護第三者評価等推進研究会

久保田まり　2008　愛着の形成と発達　庄司順一・奥山眞紀子・久保田まり（編）　アタッチメント　pp.42-59　明石出版

増沢高・青木紀久代（編）　2012　社会的養護における生活臨床と心理臨床　福村出版

太田義弘　1999　ソーシャルワーク実践と援助過程の展開　pp.61-84　中央法規出版

Reder,P.,&Duncan,S.　1999　Lost Innocents. A follow up study of fatal child abuse.（小林美智子・西澤哲訳　2005　子どもが虐待で死ぬとき―虐待死亡事例の分析　明石書店）

下山晴彦・村瀬嘉代子（編）　2010　今，心理職に求められていること―医療と福祉の現場から　誠信書房

塩谷隼平　2014　児童養護施設における心理職の役割の発展　東洋学園大学紀要第22号　pp.19-29

東京都社会福祉協議会児童部会専門職委員会・心理職グループ　2013　現場でいきる心理職―東京都における児童養護施設心理職の取り組みから　社会福祉法人東京都社会福祉協議会

全国乳児福祉協議会　2013　乳児院心理職―赤ちゃんの暮らしと育ちを応援して（パンフレット）　社会福祉法人全国社会福祉協議会全国乳児福祉協議会

第7章 児童発達支援センターにおける心理臨床

縄田裕弘

はじめに

　少子高齢化が進む中で，子どもたちを取り巻く社会的な状況は，大きく変化してきている。家族形態の多様化，家族機能の変化，児童虐待の増加など，社会的な情勢に応じて子ども・子育て施策にも力が入れられるようになってきている。

　障害や発達上のリスクのある子どもたちもその例外ではなく，児童福祉法の改正，障害者の日常生活及び社会生活を総合的に支援するための法律（以下，障害者総合支援法）の制定，障害者権利条約の批准と新たな法律や制度の中で，子どもたちへの支援のあり方も大きく変わろうとしている。

　この章では，障害児支援の中核ともいえる児童発達支援センターでの心理職の実践について記していく。

第1節　児童発達支援センターとは

　児童発達支援とは，日常生活における基本的な動作の指導，知識技能の付与，集団生活への適応訓練等を供与することと定められている（児童福祉法第6条の2）。つまり，発達支援を要する子どもたちに対して，子どもの時期にしかできない子どもらしい活動を通じて，子ども自身のアイデンティティを育てると同時に，育てにくさを感じている保護者に対して子育て支援を提供する事業と言い換えられる。

筆者の所属する,「社会福祉法人からしだね 児童発達支援センター うめだ・あけぼの学園」は,福祉型児童発達支援センターとして,①子ども1人ひとりに合わせた発達支援②子どもを育てる家族への支援③子どもと家族の暮らす地域への支援,の3つの視点をその実践理念として活動している(図7-1)。

　その中で,アセスメントを基本としたさまざまな発達上のリスクに対する0歳からの発達支援,1人ひとりのニーズに基づいた個別支援の重視,学際的なチームアプローチ,日常的・組織的なインテグレーション,地域関係機関へのコンサルテーションなどの支援を行なっている。

第2節　地域機関における早期発見機能

2-1　乳幼児健康診査への心理職派遣

　乳幼児健康診査(以下,乳幼児健診)とは,母子保健法第12条及び第13条の規定により,市町村が乳幼児に対して行なう健康診査である。乳幼児健診の目的は「乳幼児の病気の予防と早期発見,及び健康の保持・健康の増進」であり,

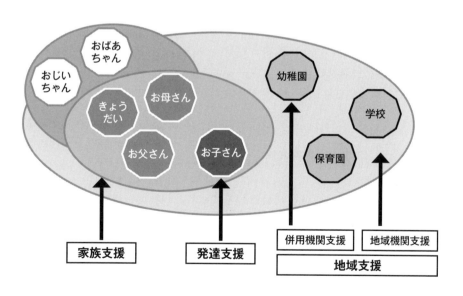

図7-1　支援における3層構造

必要に応じて専門機関の紹介や経過観察を行なうことである。

　近年では，時代の流れや子育て事情・家族形態の変化に合わせながら，子育てに伴うストレスの軽減や子育てそのものへのサポート，急増している子ども虐待の早期発見と予防へと目的がシフトしてきている。児童発達支援センターの中には，地域や近隣区の保健センターに心理職を派遣し，心理相談・経過観察を担当しているところがある。

2-2　「乳幼児健診業務の中の心理職」と「相談者に向き合う心理職」

　乳幼児健診の基本は子育て相談である。その中に，子どもの発達相談や発達支援を含み，問題のあるなしだけを伝えるのではなく，継続的な経過観察を行なう中で次のステップへとつないでいく役割がある。

　乳幼児健診の中で大切にしているものとして，「乳幼児健診業務の中の心理職」と「相談者に向き合う心理職」の2つが挙げられる。

　前者は，この業務に特有のものである。乳幼児健診は，主に保健師とのチームアプローチになることが多い。自分1人の判断ではなく，引き継ぎやカルテの情報，直接のスタッフミーティング等，総合的な情報をもとに目の前の親子について検討，判断することが大切になってくる。

　また，相談を終了するのか継続するのかを判断したり，保健師に具体的な次の対応を提案したりすることも多くあり，この判断がアウトリーチの1つと捉えられる。乳幼児健診業務の中の1職種であるという自覚とともに，子ども理解はもちろん，親理解に向けた心理専門家としての情報交換やケースカンファレンスも必要不可欠なものとなる。さらに，子どもを取り巻く最新の知見（生活リズム・保育理論・法律関係等）や地域の社会福祉サービスについても，情報として知っておく必要があるだろう。

　後者は，一般的なカウンセリングや個人心理療法にも共通する部分が多くあると考えられる。「今日この心理相談にどんな経緯でつながってきたのか」「自ら希望したのか」「心理相談に納得しているのか」「主訴は子どもの発達相談なのか，保護者の子育て相談なのか」などをていねいに聴いていく必要がある。

　乳幼児健診では，「子どもと保護者のアセスメント」「今後の見立て」「支援の方針」「関係機関の紹介」という流れを意識してかかわっている。すべてを

伝えること，正解や正論を伝えることが必ずしも目の前の親子にとって得策ではない。この乳幼児健診を通じて，より良い選択につなげるための面接という意識が必要である。

2-3　乳幼児健診の中で大切にしていること

　親の子どもに関する心配は多種多様である。したがって，集団指導ではなく「うちの子の問題」「うちの子に適した答え」が求められている場ではないだろうか。乳幼児健診で出会う心理職は，その家族が最初に出会う「専門家」になる可能性が高い。この出会いが良いものであれば専門家への信頼は高まり，悪いものであれば次につながる機会を逃す可能性も秘めている。

　くわえて，自分がどんな地域の中で仕事をしているのか（世帯数・生活水準・人口比・住宅地なのか商業地なのか工業地なのか・文化・治安・子育て施策等）といった「地域の特徴を捉える視点」も必要になってくる。そうした地域の中で中立性を保ちながら，目の前の親子にかかわるのが役割である。

事例1　うちの子の答え

　ある1歳半児の健診。言葉の遅れを主訴に相談になるが，担当保健師は「大丈夫」と保護者へ伝える。保護者はなかなか納得ができない様子で，いくつも質問をするが，どの答えにも満足できない様子。

　保健師は「一般論」を保護者に説明していたが，その保護者のほしい答えは「この子について」の答え。行動観察をしていると，大きいカゴをもつときに「イッショ」と運んだり，ボールを投げながら「ポン！」という音声言語が出たりしている。

　「お母さん，お子さんはお話していますよね」と観察した内容を伝えると，「え？　これが言葉なんですか？」との返答。育児書に書いてある言葉の例に，これらの言葉は載っていなかったようだ。動きを伴うほうが言葉が出やすい子どもであることを確認すると，納得してくれた。

2-4 保育所等訪問支援事業

保育所等訪問支援とは，保育所その他の児童が集団生活を営む施設に通う障害児を対象に，その施設を訪問し，障害児以外の児童との集団生活への適応のための専門的な支援やその他の便宜を供与することとされている（児童福祉法第6条の2）。言い換えると，出張型の療育形態である。

事例2　気づきの機会

自立支援協議会で保育園から，「両親が障害を受け入れず，療育につながらない。園の発達支援コーディネーターも困っている」と相談される。訪問してみると，保育園では生活場面を中心にていねいに対応しており，A君にとってその対応がどんな意味をもつか説明を行なった。

また，A君を行動観察していると，見え方が気になる場面があった。そこで眼科受診を提案すると，眼鏡が処方された。眼鏡装用したことで本人も先生もその効果を実感している様子が見られた。

一方で，保護者は無断欠席や約束事を守らないなど，保育園の先生たちの熱心さゆえ，不満へとつながっていた。個別療育の際，同席の母にA君の代弁を頼んだところ，適確な読み取りをされていたのを保育園に報告し，保育園での具体的な場面を例に挙げながら母と一緒にA君の行動の意味を考えていくことを提案している。

第3節　アウトリーチとしての在宅訪問

3-1　在宅訪問の定義

うめだ・あけぼの学園では，特別な事情がない限り，利用者の自宅を訪ねての療育や発達支援はほとんどない。したがって，ここでの在宅訪問は，次に述べる相談支援事業におけるアセスメントやモニタリングのために行なう場合と，子どものニーズに応じて保護者の了解を得て行なう場合との2つの家庭訪問について記していく。

3-2 相談支援事業

　相談支援事業とは，障害者総合支援法に基づき，市町村が実施する地域生活支援事業の1つである。市町村，または市町村の委託を受けた事業所が中心となり，子どもやその家族の相談に応じ，必要な情報を提供し，必要な援助を行なうもので，自立した生活や社会生活を送れるようサポートすることを目的とした事業であり，平成27年度からは障害福祉サービスを受けるすべての人に対して，サービス等利用計画の作成が義務づけられている。

　これによって，これまで本人・家族と行政が決めていたサービスの内容と量に，相談支援専門員と呼ばれる職種が介入し，利用者やその家族のニーズを聞き取り，そのニーズに沿ったサービスを考えていくことになる。そのためには，総合的なアセスメント（親子関係・親の子ども評価・子ども観・子育て観・教育観・経済力・家庭の文化や歴史・親から子への期待等）の力が必要である。

　また，児童発達支援センターのように発達にリスクのある子どもたちを対象とする場合，多くのニーズはその保護者からの聴取が多い。子どもと保護者のどちらの意向が強く反映されているのかなど，ていねいなアセスメントを心がけていく必要がある。

　さらに，利用計画の作成が目的ではなく，その過程を通して保護者の子ども理解を支えるエンパワーメントを育てていくとともに，利用者のニーズとサービスの「つなぎ目」としての役割も重要である。子どもやその家族が本来もつ能力や機能を引き出し，その人らしい生活が送れるようサポートする。つまりは，課題解決に向けた思考プロセスを一緒に考え，伴走しながら，時に助言し，時に見守り，時に支えながら，その子ども・家族の力を引き出すことも相談支援の大きな役割である。相談支援専門員は，そうしたプロセスの中で保護者が子育てを振り返り，見つめ直せるよう働きかけながら，目の前の主訴について掘り下げていくのである。

3-3 家庭訪問

　児童発達支援センターの中には，子どものニーズに応じて保護者の了解を得て家庭訪問を行なうことがある。その目的は主に，家庭での過ごし方や環境面へのアドバイスである。また，居住地域の社会資源や雰囲気，環境を知ること

で，より具体的なアドバイスや療育内容に活かせるようになっている。

家庭訪問の場合，基本的に「相手の生活の場」へ向かうという意味合いが大きくなる。そのため，普段の療育場面の枠組みよりも緩く，子どもの行動も療育場面とは異なる様子が見られることや，保護者もリラックスした雰囲気の中で相対することが多い。また，子どもとのやりとりも普段の形に近いものになると考えられる（声かけの量やかかわり方等）。

くわえて，こちら側も枠が緩むのを意識しながら臨むよう心がけている。ただし，心理的な距離が近づくことや境界が曖昧にならないような注意が必要である。

家庭訪問の大きなメリットとして，家庭の状況を肌で感じられるということが挙げられる。経済状況や遊具の置き方・場所等の環境面，家具や部屋の配置から子ども中心の生活なのか大人中心の生活なのかなど，その家族の大切にしているものがわかる。また，整理整頓の具合から保護者の心理的な側面を推し量ることも可能である。

その他にも，約束のある来客に対する迎え入れ方，部屋をきれいにするのかそうでないか，誰が応対するかなど，子どもに対するアドバイスはもちろんだが，これらの情報を体感することで，家族支援の方針を検討したり，ホームプログラムの提案の仕方を工夫したりできるようになる。

事例3　家庭訪問いろいろ

下記の2事例とも主訴は，「家の中で走り回り，階下から苦情がきている」。

B君のママは，見た目はいまどきの若いお母さん。言葉遣いもラフでサバサバした印象。しかし，家の中は床一面コルクマットが敷かれ，大人の物はテレビ以外一切片付けてある。子どもがコード類を嚙まないように，転ばないようにしている。掃除も毎朝1時間かけてしているとのことで，窓の桟までピカピカ。

→「子どもを中心に生活をしている（アセスメント）。遊びを見つけるのが苦手な子だ（仮説：だから走り回るしかないのか）。子どもが遊具を見つけやすい環境設定を提案（対応方法）」

Cさんは，父・母・祖母と同居している。子どもの手の届く場所にハサミや

ライターが無造作に置いてある。急勾配の階段もあるが，特に対策もされず，何度か転落しているとのこと。
　→「大人中心の生活（アセスメント）。大人への注意喚起の方法（仮説：走って大人の気をひく）。コミュニケーション手段の拡充（対子ども），かかわり遊びの時間を設けては？と提案（対大人）」

第4節　関連機関との連携と心理臨床

　各機関との連携の方法はさまざまであり，相手の専門性・立場等によって柔軟な連携が必要である。協働するための姿勢・視点・方法等の基本は，専門書などを参考にしながら学べるが，自分がいかにその地域の中でネットワークを構築し，実践していくかは，試行錯誤を繰り返し，経験を積み重ねていく中で，地域の特性に応じた連携方法を，他機関を巻き込んでつくっていくものであると考えている。
　また，こうした連携の中で忘れてはならないのが，アウトリーチによって得られた情報をどのように地域ネットワークの中で実践していくかである。地域機関同士の「横の連携」に加え，ライフステージを通した切れ目のない「縦の連携」を意識しながら，機関と機関の「つなぎ目」になるよう，橋渡しをしていくことも大切な役割の1つではないだろうか。
　ここでは，関連機関との連携を事例の形で紹介していく。

事例4　確認リスト（医療機関との連携）

　D君には重篤な心疾患があり，活動への参加具合や休憩の入れ方について，子どもの主治医に具体的な場面を想定した確認リスト（粗大遊具を使った活動を何分行なう，水深20センチのプールで何分遊ぶ，○○メートル先の公園まで友達と手をつないで散歩する等）を作成。各々の活動に対する参加の程度と，どういった症状が現れたら活動を中止するかなどを書面で問い合わせ，その指示に基づいて療育を行なっている。

第7章　児童発達支援センターにおける心理臨床

事例5　役割分担（地域療育機関との連携）

　地域療育機関と児童発達支援センターを併用しているE君。電話で定期的に連絡を取り合っている。センターは，専門職種による各種アセスメントをふまえた療育プログラムが強みであり，地域療育機関は地域情報や地元幼稚園との連携の取りやすさが強みである。

　そして，双方の強みを意識しながらE君の発達像や，幼稚園での様子についての情報交換を行なっている。この場合，連携が次の連携を呼び，地域ネットワーキングを展開する動きへとつながっている。保護者を含め，その地域の機関をコーディネートしていくことも新たな役割となってきている。

事例6　伝え方（保育園との連携）

　保護者から「子どもの発達検査の結果と，今後の対応策を保育園に連絡してほしい」との依頼があり，筆者が保育園へ電話連絡をする。

　最初は，「保育園は療育の場所ではない」と拒否的な対応だったが，保育園生活で受ける刺激が発達検査で見られた成長にどうつながるのかをていねいに説明しているうちに，「実はこんなときどうしたらいいか迷っている」という相談が出てくる。発達検査の結果をふまえながら，保育園で取り入れてほしいことをうまく伝えられた。

事例7　専門用語（幼稚園との連携）

　保護者から，「幼稚園ではマカトンサイン（ことばや精神の発達に遅れのある人の対話のために，イギリスで考案された手話法をルーツにしたコミュニケーション法）は使いません」と断られてしまい困っているという訴えを受けて幼稚園訪問を実施。

「特別なことは取り入れられません」と担任は重ねて言うものの，観察すると説明やリアクションに身振りや表情を豊かに使う先生であった。そこで，「マカトンサイン」という表現ではなく，「身振りも交えたコミュニケーション」という言葉に置き換えて説明すると，「特別なものではないのですね，やってみます」と理解してくれたようだった。

　選ぶ言葉1つをとっても，相手によってはハードルになる場合がある。この

事例は電話連絡だけでは，実際の先生の様子はわからないままだっただろう。

　筆者は心理の専門家だが，相手は他領域の専門家である。自分の限界を知り，相手の限界を認めながら，その子どもが自主的・主体的に活動に取り組めるよう，力を合わせて働きかけていくことが大切であると考えている。
　また，いくらその子どもにとって素晴らしいかかわり方であったとしても，他の子どもたちへ影響が大きいものや集団運営が阻まれるものは避けるべきである。
　そして，「主訴」と呼ばれるものは，その内容を伝える相手によって主語が変わるものである。「この子」が困っていること，「施設」が困っていることなど，「誰に・何を・どう」伝えるのが効果的なのかを考えながら声を上げていくことも協働する際には必要なポイントとなるのではないだろうか。

第5節　チームアプローチの中の心理職

　児童発達支援センターでの療育において，子どもとその家族のもつ多様なニーズに適切に対応するためには，1個人1職種では完結しないと考えている。誰1人としてスーパーマンではなく，さまざまな職種が子どもの育ちについての知識・技術・情報・経験を寄せ合わせながら，チームで支援する体制を取っている。子どもには複数の職種がかかわるため，当園では，子ども1人ひとりにキーパーソンが設定されており，情報の取りまとめ役となっている。また，子どもの前にあってはいかなる職種も平等（等価）であることを大切にしている。

5-1　チームアプローチ

　チームアプローチの中で，筆者は「心理職としてどんな強みをもっているのだろうか」と入職したばかりのころは考えていた。心理の知識はあっても，子どもを見る視点は弱く経験も少ない，周囲には自分よりも心理の専門知識をたくさんもつ他職種がいる……，と毎日自分の存在意義を自問自答していた。
　しかし，何年か経つと心理職の強みと思えるものも感じられるようになってきた。それは，子どもを発達の切り口からトータルに見ること，すなわち，ア

セスメント力である。子どもの行動・状態の背景理解，保護者へのアドバイス，療育目標や支援の方向性を検討するために，心理職がすべての子どもに年１回，発達検査や心理検査を行なっている。子どもの発達状況を分析的に知り，子どもの行動や特性の背景をわかりやすく保護者や療育担当者に伝えていくために，他職種の評価や仮説との整合性を図り，総合的に子どもを捉える視点が不可欠である。

発達検査や心理検査に加え，日々の行動観察，保護者からの聴取も大切なアセスメントの機会である。それらの情報を単一の視点ではなく，多角的な視点からアセスメントに活かすのが大切である。どんな診断名がついていても，個々の子どもの発達や性格はさまざまであり，その個性を活かすためのアセスメントを日々心がけている。

また，アセスメントの結果を伝える際は，専門用語ではなく日常的なことばを使う，他職種の意見に耳を傾ける，自分の専門や拠って立つ理論との統合などを考えながら行なっている。当園には，50名以上の多様な職種からなる常勤職員がいるため，日々直接的に相談をすることやメール等のツールを積極的に用いながら子どもの理解を深める努力をしている。

5-2 関係者会議等に際して

先に「誰１人としてスーパーマンはいない」と述べたが，それは機関にも言える。そのため，子どもがかかわる他機関とも積極的に関係者会議を行なう必要があると考えている。医療機関・保健機関・保育園・幼稚園・療育機関・教育機関等，関係者会議は多岐にわたる。その方法も，電話連絡・併用機関訪問として直接その場を見学する，ケースカンファレンスのように集う，などさまざまである。

それぞれが異なる場面での子どもの様子を知り，思いを寄せることを通して，子ども理解を深めるとともに，それぞれの機関の役割を分担し，責任の所在を明確にすることで，タイムリーでスピーディーな支援につながると考えている。

事例8　関係者会議が功を奏した

保護者の精神面が不安定なこともあり，保育園，保健センター，児童発達支

援センターで関係者会議を実施し，情報共有と連携を確認した。

　数週間後，子どもが予想外の状況に混乱したのを受け，保護者もパニック状態のまま帰宅してしまう。すぐに保育園に連絡し状況を説明すると，保育園はきょうだいのお迎えに来た保護者と面談を行ない，落ち着きを取り戻し帰宅したとの報告がされた。

　保健センターには，一連の事実を報告すると後日家庭訪問を実施し，様子を確認してくれた。

第6節　親・家族支援と心理支援

　発達にリスクがある子どもでもそうでない子どもでも，子どもが成長するためには良好な環境が必要とされるのは周知のとおりである。特に乳幼児期の場合，多くの時間を共に過ごす両親やきょうだいの安定したかかわりは大切なものと考えられる。

　またその家族が，自分たちの強みやエンパワーメントを活用しながら，地域の中で生活していけるよう支援していくことも重要である。

　ここでは，その保護者や家族にスポットをあてる。

6-1　家族のアセスメント

　目の前の家族について，主たる養育者は誰か，誰が家庭のキーパーソンなのか，さまざまな事柄の決定権は誰にあるかを知ることは重要である。場合によっては，その人物と直接話をすることが子ども理解を促す契機にもなる。

　また，家族をアセスメントする際には，療育者として子どもの状態を深く理解するだけでなく，自分自身の子ども観・育児観・療育観等にも目を向けておく必要がある。このことを意識しておくだけで，保護者や家族に対する自分の感情に気づきやすくなるからである。

　子どもについて保護者と話をする際には，「発達上のリスクから」の部分と「子どもだから」の部分をていねいに伝えている。保護者と家族が子どもを知り，理解を深めながら，「子どもへのかかわり方を組み入れた家族」という枠

組みや家族システムを再構築できるようにかかわるのが大きな役割だろう。

6-2　障害受容の過程に寄り添う

　子どもの誕生は夫婦で喜びを分かち合う大きなライフ・イベントである。生まれる前から「大きくなったら……」「どんな子に育つか……」とさまざまな期待をするものである。そうした中で，子どもの発達上のリスクや障害を知ることは，大きな混乱や動揺を生む。いわゆる，「対象喪失」の状態と重なる部分が多いのではないだろうか。

　桑田ら（2004）は，「障害児の出生という親個人にとっての喪失体験を克服し，最終的には障害をもった子どものありのままずべてを受け入れていく過程における障害に対する価値の転換」を障害受容としている。

　うめだ・あけぼの学園に通う乳幼児期の場合，混乱と動揺の状態から療育機関につながったばかりの家族が多い。まずは保護者の不安や質問をていねいに聴きながら，寄り添い，共感する姿勢が大切である。保護者の心理的な混乱に付き合いながら一緒に方向性を探していくことで，「障害を受容する」段階に進んでいくのではないだろうか。

　しかし，「障害を受容する」ことと「障害のあるわが子を受容する」（加藤，1992）ことは似ているようでまったくの別物である。前者は知識として障害を知ること，後者はその障害をもったわが子を生活の中に組み込みながら過ごすことと考えている。

　筆者は，この2つの受容の意味合いを意識的に使い分けながら，必ずしも「障害を受け入れなくてもいい」という姿勢を大切にしている。子どもも1人の人間であり，その子どもの状態を知り，適切にかかわることでその子の成長が促されるよう，保護者とともにかかわることが重要である。その過程の中で，その家族に応じた「障害のあるわが子」とのかかわり方を探していけるのではないだろうか。

事例9　保護者の子ども理解に寄り添う

　児童発達支援センターに通園を始めたものの，子どもには障害はなく（認めたくない気持ちが強かった），右も左もわからず言われたから療育を受けに来

ていたF君家族。F君の状態像の説明に加え，工夫したかかわりのモデルを見せると，時に涙し，時に落胆し，時に怒りを見せていたお母さん。

あるとき，「先生がやっているようにかかわってみたら，私の伝えたいことがわかったみたいなんです！」と報告があった。

そこから，F君の得意/不得意，対応方法を一緒に考えていく中で，「Fには障害があるけど，工夫をすればできることもたくさんあるんですよね」とお母さんからの言葉が聞かれた。

6-3　父親への支援

最近では，療育に参加する父親が増えてきている。また，直接父親宛に手紙を出したり報告書を読んでもらったり，行事への参加を促すなど，積極的に父親にスポットをあてている。父親からの意見に耳を傾けると，普段とは違った子どもの捉えや視点に気づかされることも多いと感じている。

さらに当園では，「おやじの会」として，父親だけの集まりも組織されており，父親ならではの子どもとのかかわり方や教材づくり，ピアカウンセリング的な集まりといった交流が行なわれている。

6-4　きょうだいへの支援

発達のリスクがある子どもの誕生は，そのきょうだいへも大きな影響がある。きょうだいに関しては先行研究が少ないものの，その多くは「障害者のきょうだいは，マイナスの影響を受けているのでは」という前提に基づき，マイナス要因について調査している。

成人期のきょうだいを対象とすると，確かにマイナス要因について述べられるものが多いが，乳幼児期のきょうだいを見ていると，必ずしもそうではないと経験的に感じている。

ダウン症の妹が愛おしい・可愛いと積極的に遊ぶ兄，自閉症の兄とどうかかわればいいかわからない妹など，何らかの不思議さや違いを感じながらも，自然に接しているきょうだいが多いのではないだろうか。

きょうだいはさまざまなストレスを抱え，それを外に出す子・内に籠る子と

多様な反応が想像される。児童発達支援センターの中には，きょうだいに直接的なアプローチ（面談や心理療法，プレイセラピー等）を行なわないところもあるが，筆者はきょうだいが一緒に来園した際には，そのきょうだいも含めた遊びや役割を取り入れるよう心がけている。

また，保護者に対しては，きょうだいの話題を意識的に投げかけることや過剰な疎外感や期待感を感じさせないようなかかわり方や声かけといった提案を行なっている。くわえて，きょうだいに対してもどこかのタイミングで障害を説明することは大切である。きょうだいも家族の一員である。障害について理解できるかどうかではなく，「あなた（きょうだい）も一緒に考えて」という親の姿勢が，何よりきょうだいには嬉しいのではないだろうか。

事例10 Gちゃんとお話したいお姉ちゃん

Gちゃんはまだお話しができず，意思表出もはっきりしない。そんなとき，個別療育にお姉ちゃんも同席した。

筆者がマカトンサインやジェスチャーでGちゃんとやりとりするのを見ていたお姉ちゃんは，帰宅後早速「もう1回？　おしまい？」と，見てきたばかりのマカトンサインで話し始めた。

それを見ていたお母さんは，「この子（姉）もGとお話したいんだな〜って思いました。もっと私も（マカトンサインを）やってみます」と積極的にマカトンサインを覚えるようになった。また，その他の方法を一緒に考え，今ではGちゃんの表出手段は拡がりつつある。

6-5　就学に向けた支援

児童発達支援センターの大きな役割の1つに，就学に向けた支援（移行支援）が挙げられる。就学は，子どもにとっても家族にとってもライフサイクル上の一大イベントであり，期限があり，誰もが必ず経験するものである。その支援を通して，自分の子どもを客観視する機会と捉えている。また，その過程を通して，両親間の意見の擦り合わせ，子どもの状態と保護者の希望の擦り合わせを行なっている。

そのため当園では、年2回保護者向けの就学講座を設け、制度や就学に向けた流れの説明や先輩保護者の体験談を聞くといった講座を開いている。

また、就学相談を利用する保護者が多く、連携・調整も必要である。就学先が決まった場合には、就学支援シートと呼ばれる書面での引き継ぎや必要に応じて直接、学校との情報交換・引き継ぎを実施している。

事例11　就学先を決める

H君のお母さんは、支援学級を希望していた。年長の4月の時点でその気持ちは固かったが、就学相談では支援学校を勧められる。

泣きながら電話をしてきたお母さんに、「H君にとって一番楽しく過ごせる所を選びましょう」と提案。いくつもの学校体験に参加し、お父さんも巻き込んでの就学先探し。

H君の体験の様子を見て、家族で話し合い、支援学校を選択する。「私の気持ちが先生の言葉で落ち着いた。学校に行くのはH。Hが楽しいのがいちばんですね」。

6-6　家族とかかわる際に

児童発達支援センターは、子どもを対象とした機関であり、直接働きかけるのは子どもである。しかし、乳幼児期は母親をはじめとする親との密着度が高く、その多くの時間を共に過ごす親の存在は無視できない。さまざまな家族に接する中で、子どもに働きかけるだけでは不十分さを感じる家族も存在している。

直接的な働きかけはしなくとも、保護者の化粧や服装の変化に敏感であること、子どもへのケア具合（身体や衣服の状態等）、子どもの療育を見る際の立ち位置や見方、療育を待っているときの子どもとのかかわり方、保護者同士の関係性など、どんな場面でも保護者の状態をアセスメントすることは可能であるし、そうした視点をもつのは、心理職として大切である。

それらの情報を含めて、子どもの状態を伝える際の言葉の選び方、ホームプログラムの提案の仕方等の手がかりにすることができるのではないだろうか。

発達支援に加え，家族支援や育児支援の視点も，乳幼児期の子どもにかかわる際には，重要な割合を占めている。

> **事例 12　いつものお母さんと違う**
>
> センターに来るときは，毎回ばっちりメイクで豪快に笑う I 君のお母さん。あるとき玄関で会うと，ノーメイク。元気もなく，口数も少ない。
> 「お母さん，大丈夫？」。
> この一言で堰を切ったように泣き出すお母さん。すぐに上司に報告し，面談をしてもらう。前日に担任に言われたひと言がうまく処理できずに抱え込んでしまったとのこと。
> その後，I 君のお母さんから「先生，目ざといね！　ありがと」と。

第7節　地域に根ざした療育アプローチと心理臨床

児童福祉法の一部改正を受け，児童発達支援センターは通所利用者の支援だけでなく，地域の障害児・その家族を対象とした支援など，地域支援にも対応することが求められている。

言い換えると，「ハコモノ」の施設にいて，一方通行的に自分の専門性を提供することから，地域の必要に応じて自分の専門性を提供するといった，双方向のやり取りが求められている。

そのためには，その地域に住む子どもたちの育ちや地域特性を知り，その子どもたちに役立つ専門性を磨くこと，その地域に必要とされる発達支援の専門性を高めていくことが不可欠である。

7-1　自立支援協議会

自立支援協議会は，障害者への支援の体制の整備を図るため，関係機関や関係団体，当事者やその家族，福祉・医療・教育・雇用に関連する関係者で構成される協議会であり（障害者総合支援法第89条の3），関連機関が相互に連携を図り地域における障害者の支援体制に関する課題について共有し，連携の緊密

化を図るとともに，地域の実情に応じた体制の整備について協議をする場（障害者総合支援法第89条の3の2）である。

　個々の関係機関職員や他事業所が抱えているケースを取り上げ，ケースカンファレンスを行ないながら，自身の見識を深めることに加え，地域の実情を把握するためにも今後が期待される協議会である。

7-2　啓発活動（足立・子ども 福祉フォーラム）

　足立・子ども 福祉フォーラムとは，1992年度から2011年度までの20年間，うめだ・あけぼの学園が主催した発達支援ニーズのある子どもたちの地域での育ちを支えるための地域ネットワーク活動である。

　多種多様な地域機関の職員・保護者・当事者が運営委員となり，毎月1回，1年をかけて話し合いを重ねながら当日に向けて企画を考えていた。毎月の話し合いは企画会と称し，この活動そのものが地域機関との連携，ネットワーク活動の先駆的な取り組みであった。20回を期にこの活動は終了し，先に述べた自立支援協議会にその役割を移行した。

　筆者も，フォーラム委員として4年間この活動に携わった。多種多様な職業・立場の方が集まり，話し合いを通じて，自分の専門性を強く意識するとともに，相手の立場や考え方を知ることなくして連携は不可能だということを学ぶ機会だった。1つのことばをとっても，立場が違えば理解も異なるのは当然である。身をもって連携の難しさとやりがいを学んだ。

　障害に対する理解が深まってきているとはいえ，「療育」や「支援」といったことばは「特別なもの」と受け止められているのが現状である。自立支援協議会や啓発活動を通して，地域に伝えていく中で，地域からのニーズをキャッチし，自分のもつ専門性をタイムリーに提供していくことがこれからの役割と考える。

おわりに

　児童発達支援センターの心理職として働く中で，多くの子どもや家族と接しながら日々を過ごしている。また，その子どもと家族を取り巻く関係機関，地

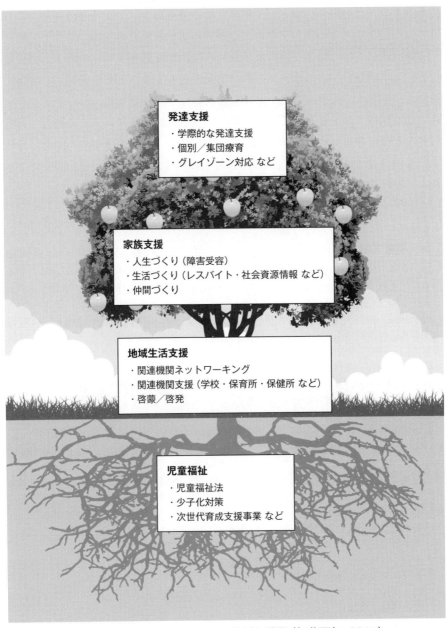

図7-2 発達支援に求められる役割や課題（加藤正仁, 2011）

域ネットワークの中の一員として働いている。そのネットワークの中で，自分はどんな視点から目の前の子どもにかかわっているのだろうか。

　加藤（2011）は，発達支援に求められる役割や課題をリンゴの樹として表現している（図7-2）。このリンゴの樹の実を子ども1人ひとりの成長として捉えたときに，甘く，大きく，艶やかに実るために，葉っぱや枝，幹をケアし，土台となる根に十分栄養を与えていくのが，児童発達支援センターの使命である。

　どんな環境ならばやりやすいか，どんな方法ならばわかりやすいかを，その子どもの発達に応じて考えながら，子どもの「1人でできた！」「自分でできた！」を保護者とともに喜び合い，子どもの可能性を信じていきたい。

引用・参考文献

長谷川知子　2004　発達障害をもつ子どもとその家族に対する精神心理的支援　小此木圭吾・深津千賀子・大野裕（編）　改訂 心の臨床家のための精神医学ハンドブック　創元社　pp.330-331

一般社団法人全国児童発達支援協議会　2014　厚生労働省平成25年度障害者総合福祉推進事業　障害児通所支援の今後のあり方に関する調査研究報告書

加藤正仁　1992　発達障害乳幼児とその家族の援助　発達障害研究　14（2）pp.11-17

加藤正仁　2011　発達支援の意味と役割　加藤正仁・宮田広善監修・全国児童発達支援協議会（CDS JAPAN）編集　発達支援学　その理論と実践～育ちが気になる子の子育て支援体系　協同医書出版社　pp.2-10

桑田左絵・神尾陽子　2004　発達障害をもつ親の障害受容過程-文献的検討から-　児童青年精神医学とその近接領域　日本児童青年精神医学会　vol.45(4) pp.325-343

中村敬　2008　乳幼児健康診査の現状と今後の課題　母子保健情報　日本子ども家庭総合研究所　第58号pp.51-58

縄田裕弘　2008　知的障害者のきょうだいに関する一考察　臨床心理学研究　東京国際大学大学院臨床心理学研究科紀要編集委員会編　pp.109-121

野邑健二・福元理英・佐藤潮　2014　家族への心理的支援　児童青年精神医学とその近接領域　日本児童青年精神医学会　vol.55(2)　pp.108-113

小此木圭吾　1979　対象喪失－悲しむということ　中公新書

田中千穂子・栗原はるみ・市川奈緒子　2005　発達障害の心理臨床　子どもと家族を支える療育支援と心理臨床的援助　有斐閣

東京都心身障害者福祉センター　2014　平成26年度第1回東京都相談支援従事者初任者研修講義資料　成光社

第8章 子ども家庭支援センターにおける心理臨床

坂入健二

第1節 子ども家庭支援センターとは

1-1 児童虐待の増加と市町村の役割

　出生数が減少する一方で，全国の児童相談所の児童虐待への対応件数は1999年度の1万1631件から2013年度の7万3802件まで，およそ6.3倍に増加している。虐待によって死亡する事件も跡を絶たず，死亡した児童の約4割が0歳児である。

　かつて，児童問題に対応する児童福祉法に基づく相談機関は，都道府県等に設置される児童相談所だけであったが，2004年の児童福祉法改正により，新たに市町村も加わることとなった。

> 児童福祉法
> 第十条　市町村は，この法律の施行に関し，次に掲げる業務を行わなければならない。
> 一　児童及び妊産婦の福祉に関し，必要な実情の把握に努めること。
> 二　児童及び妊産婦の福祉に関し，必要な情報の提供を行うこと。
> 三　児童及び妊産婦の福祉に関し，家庭その他からの相談に応じ，必要な調査及び指導を行うこと並びにこれらに付随する業務を行うこと。

　東京都では，この法律に基づき，「子どもと家庭に関するあらゆる相談」に対応する機関として都内の市区町村に「子ども家庭支援センター」の設置を推

進してきた。日本全国の市町村にも，同様の機関が設置されており，さまざまな名称で呼ばれているが，ここでは「子ども家庭支援センター」としてその業務について述べる。

なお，本書で取り上げる「業務」について，児童相談所と異なり施設・設備・人員等に関する法律上の規定がないため，市町村ごとに業務執行体制に差が大きいことをお断りしておく。

1-2　児童相談所との関係

児童相談所は「児童に関する家庭その他からの相談のうち，専門的な知識及び技術を必要とするもの」に対応するとともに「医学的，心理学的，教育学的，社会学的及び精神保健上の判定」とそれに基づいた指導や，児童の一時保護，施設措置（乳児院，児童養護施設，児童自立支援施設等）を行なう権限を有している。

一方，子ども家庭支援センターは，判定や法的対応を要しないケースへの対応を行ない，判定や法的対応が必要な場合には「送致」手続きをして，児童相談所に引き継ぐ。親（血縁関係のない同居人を含む）から分離して施設措置等の必要がある場合には，専ら児童相談所の対応になるが，地域で親と生活している子どもと家庭を援助していくのが子ども家庭支援センターである。これには同一のケースを児童相談所と子ども家庭支援センター双方が役割分担し，協働して主になり従になり援助をする場合もあり，またどちらかが単独で援助している場合もある。

1-3　多職種連携

子ども家庭支援センターにはいろいろな職種の職員が配置されている。子どもと家庭に関する問題の要因は複合的であり，多職種の視点と援助が必要とされるゆえである。どの職種も「相談員」として，電話相談，面接相談，家庭訪問，虐待通告調査等をする。特に必要がなければ親や関係機関に「心理職」「社会福祉士」「保健師」「保育士」などと名乗ることはない（図8-1）。

相談員がどのような職種であるかよりも，「どのように力になってもらえる人なのか」「どんな人なのか」の方が重要だからである。職種を名乗ることで，

相談をする人や機関が，その職種へのイメージから，開示する情報や期待する内容を制限してしまうことも懸念される。膨大な数の虐待通告，相談件数に対して，わずか数名の相談員で対応しているので「このケースは専門外なので，他の人にやってもらってください」などという余裕はない。どの職種でも対人援助職であれば，クライエントの話を共感的に聞き，受容すること，感情に寄り添い心理的な支持をすることができるのは当然であるが，同時に心理職が最も得意とするところでもある。

必要な場合には，それぞれの専門性を前面に出し，独自のスキルでかかわることもある。保健師であれば，母子の健康に関する助言を行なったり，家族に精神科治療の必要性を医療的立場から説得したりする。保育士は子どもへの対応のスキルを伝えることに長けている。心理職は子どもの発達面での見立てや検査を行なうこと，親との個別の継続的なカウンセリングの中でパートナーや子どもに対する認知や感情を扱い，気づきを促す。

虐待通告があった場合には，心理職も相談員として子どもからの聞き取りや，家庭訪問による調査や社会資源を活用した援助の組み立てを行ない，時には親への指導的な警告もする。しかし，援助のプロセスの中で親との関係が築かれ，カウンセリングが必要となれば役割の整理を行ない，関係機関との調整等は他の相談員に担ってもらい，自らは心理職として親と治療契約を行ない，カウンセリングを継続する場合もある。

また，他の相談員が担当しているケースについて，オーダーに基づき，子ど

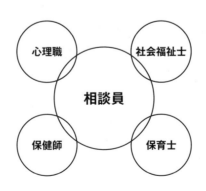

図8-1　相談員と職種の関係

もへの発達検査や人格検査，親との継続的なカウンセリングや認知行動療法を行なう場合や，相談員に対して心理的視点からケースに関する助言をする場合もある。しかし，継続して来所する意欲がない（その動機づけをするのは他の職種の役割と多様な親の実態，社会のニーズ，市町村の行政制度や相談体制の実情から乖離した意見もあるが），これまで援助してくれた「相談員」としかつながれない親も多くいる。

　子ども家庭支援センターのように住民に身近で生活に密着した市町村の機関では，数人の相談員で数多くの相談に対応しなければならない。そこでは専門職としての業務しか「しない」「できない」のではなく，社会の要請や家庭のニーズに応じて役割や枠組みを変えて柔軟に対応することが求められる。心理職がソーシャルワークを行なっても，ソーシャルワーカーがカウンセリングや質問紙等の簡易な検査を行なっても，それぞれの核となる専門性が否定されるものではない。「治療的枠組み」という檻に心理職自らが囚われ，心理学が蓄積してきた広い知見や技術を人の援助に生かせていないのではないか。高度で特殊な「専門的治療」だけではなく，どこにでもいる人々の日々の日常生活上の問題の援助者を社会はより必要としていることを痛感する。

　親は，日々の生活の中で，子どもやパートナーへの怒り，苛立ち，拒絶感，悲しみ，無力感等の感情が渦巻き，溢れ出て，結果として虐待となってしまっている。その背景には，原家族との関係，自分自身，パートナーなどとの未解決の内面的な問題が，さまざまな防衛機制や逸脱行動，精神症状や身体症状に現れている。現実の生活の問題の背景には無意識的なものもあるが，多少意識できている問題，あるいはしっかり意識できている問題もある。

　相談員は，原家族を含めた家族システムの様相を理解し，表面化されたこれらのさまざまな問題や感情を扱いつつ，子どもとの現実生活での折り合いをつける援助を行なっている。相談員は，時に相談員に向けられる転移感情にさらされながらも，各ケースにとって適切な枠組みを意識し，援助関係を維持していかなければならない。

1-4　相談の特徴

　通常，援助関係は援助を求める人と，それに応える人との関係から始まる。

しかし，親に援助を求める気持ちがなくとも，その下で生活している子どもが適切に養育されていなければ，援助しなければならない。また，親に困っていることがあっても，援助を受けることを拒否する場合もある。「精神的につらいが，病院には行きたくない」「お金はないけど，役所の世話にはなりたくない」といったことである。

相談員は，親が抱えているニーズを引きだし，援助を受け入れてもらえるようになることに腐心する。親が困っていない（図8-2D），あるいは困っていても人や社会と「つながる」ことを避ける場合には，アウトリーチしてこちらから押しかけて行っても「つながる」努力をしなければ，子どもの生命・安全を守ることはできない。子どもは日々，親と生活しており，子どもへの不適切な養育（「虐待」とは不適切な養育の程度がより悪い状態を指す）は早急な改善が必要である。

虐待の事実があったからといって，一時保護や施設措置等をするわけではない。虐待があっても，親子が共に地域で暮らせるように援助するのが業務である。しかし，援助関係ができるまでには，時間を要し，その間には親から相談

		親自身が	
		困っている	困っていない
社会的に（子どもにとって）	適切な養育	A 援助の必要度は低く介入しやすい	C 援助の必要がない
	不適切な養育	B 援助の必要度は高く介入しやすい	D 援助の必要は高いが介入にくい

図8-2　問題の所在と援助の受け入れ

員がどなられ，罵られ，泣かれる場合もある。

　対人援助職の中には，親とは良い関係でいたいので，相手が望んでもいないのにアウトリーチなどして悪い関係になりたくない，との考えもある。しかし，初めから良い関係ばかりではないし，何ら関係していなければ，永遠に関係はできない。その役割を担ってくれる「誰か」はいない。たとえ悪い関係であっても，誠意を尽くして会話と援助を重ねていくことが，援助関係を築くために大切である。自ら相談に来る親（図8-2A）であれば，養育状況は比較的良い場合が多い。

　親の相談へのモチベーションが長く続くとも限らない。困難なケースであればあるほど，つながり続けることはむずかしい。関係を維持するためには，継続的に家庭訪問し，面接し，電話をかけることも必要になる。そのような関係を続けることで，日々起こる出来事に起因する気持ちの揺れや子どもへの苛立ち，夫婦間（未婚のカップルを含む）のトラブルに応じ，親子の安定した生活が維持される。

　子ども家庭支援センターの受ける相談の内容は，虐待に限らず，育児不安から不登校，非行，発達障害，家族関係不調などさまざまである。問題の背景に親の不適切な養育の問題がなければ，他の機関を紹介することもある。

　しかし，子どもの安全や命にかかわる問題も発生するため，相談の電話を置くと同時に現場に走り出して，調査や子どもの保護に向かい，警察や救急の出動を要請することもある。日常が，危機対応・危機介入の業務である。

　相談員は怒った親に突き飛ばされ，刃物を向けられることや，親や子どもの死に接することもあり，その業務は「臨場心理士」という表現のほうが適当かもしれない。覚せい剤を使用していても逮捕されない親，統合失調症による幻聴や妄想を抱えていても治療や入院に結びつけられない親もいる。法律に基づく対応には適用要件や限界があり，不適切な養育環境にある子どもを保護できないことも数多くある。それらの子どもや親を地域の関係機関とともに見守り，支えていくのも子ども家庭支援センターの相談員の仕事である。

　クリニックや相談室で行なわれるカウンセリングの場合には，中断を除けばクライエントとの話し合いで終結を決めることが多い。しかし，子ども家庭支

援センターで終結を決めるのは，最終的には行政組織としてである。

　限られた相談員の人数と増大するケース数という現状では，緊急度，重篤度，公平性，平等性という観点からケース対応に濃淡をつけざるを得ない。親が続けて相談を聞いてほしいと希望しても断らなければならないこともある。

　もちろん，精神的に不安定な親で，子どもの養育上の問題もある場合には，数年にわたる援助やカウンセリングを継続するケースもある。精神疾患，知的障害，発達障害，アディクション（嗜癖），被虐待歴等さまざまな背景をもつ親に対して，自己成長モデルのみで臨むことはできない。

　また，公的な機関が行なう無料のカウンセリングは，治療契約があいまいであると「相談依存」の状態をつくり出し，相談員との共依存の状態に陥りやすい。このため，カウンセリングを行なう場合には，回数の契約を行ない，継続が必要な場合には再度契約をするような工夫も必要になっている。

第2節　育児不安・子育て支援における心理支援

2-1　育児相談への対応

　子育ては子どものどの年代においても苦労や悩みがつきまとうものであるが，出産後から3歳くらいまでの間の親の負担は特に大きい。その間（多くの場合，主として）母親は，24時間365日子どもと密着し時間とエネルギーをすべて子どもに注がなければならない。いかに愛情に溢れていても，新生児期や子どもが病気のときには，自らの睡眠もままならず，どのようにかかわっても泣き止まないなど，精神的に追い詰められてしまう。

　子どもの泣き声は聞く側にさまざまな感情を掻き立てる。発達上の個人差の大きい時期でもあり，同じ年齢の子と比較して自分の子どもは発語が遅いのではないか。自分の言うことを聞いてくれなくなったのは，子どもへのかかわり方が良くないからではないか，他の親は難なくやっていることなのに自分がつらいのは愛情が不足しているからではないのかと自信を失い，子育てへの不安を抱きがちである。

　不安や悩みを抱いた親が，いきなり子ども家庭支援センターを訪れ，心理職のカウンセリングが受けたいと申し込むことはほとんどない。多くの場合は，

電話による育児相談という形をとり，具体的な問題について助言するとともに，親を労い，育児を肯定・保障し1回の電話相談で終結する。

しかし，相談を受ける流れの中で親の精神状態や他の援助者（父親，親族等）の存在の有無についてアセスメントを行ない，家庭訪問や来所面接に誘い積極的で直接的な援助が必要な状態でないかを判断している。

子育て中の親への援助の組み立てを考える際に，まず大切なのは，現実の子育て負担の軽減であり，そのための一時保育の利用や身近な子育てを手助けする人を見つけることである。

カウンセリングによる問題を内面化する作業が必要かどうかは，子どもへの直接的な影響が大きい時期だけに，その心理的問題の深め方や問題への直面化については，親の自我の強さや，援助者の有無，病態レベルを考慮しながら慎重に行なう必要がある。

事例1　産後うつの母親からの電話相談

「生後4か月の子が昼も夜も1時間毎に起きて泣きやまないんです。夫は仕事で毎日遅いし，実家の母は亡くなっていて頼れる人もいません。家事もちゃんとできなくなっていて……。ほかのお母さんたちはみんな普通にできているのに，もうつらくて，涙が止まらないんです。夫はたまには外に出てリフレッシュしてくるようにと言ってくれるのですが，外に出る元気も気力もありません。この子さえいなければと考える自分が怖くなって電話しました」との訴え。

相談員は，母親の思いをひととおり聞いた後に，住所や氏名を尋ねると教えてもらえたため，保健師と心理職で家庭訪問。室内はカーテンを閉めて薄暗く，乳児がいるとは思えないほど，室内が片付いている。子どもの発達状態，養育状況に問題はみられず。母親はすすり泣きながらつらさを訴えていた。父親には，ここまでつらくなっていることが話せていないし，残業で帰りが遅いため迷惑をかけたくない，と。

母親は，元々完璧主義で融通の利かない性格に加え，子どもの睡眠リズムが確立していないことから，不眠が重なっていた。夫に頼りたいが心配をかけたくないという思いの反面，自分のつらい状態を察してくれない夫に対する怒りも抱えていた。2時間余り母親の話を聞いていると大分落ち着きを見せてきた。

母親は，現在は育児休業中だが常勤の会社員として勤務していた。母親の主観的な訴えとは異なり育児能力・生活能力も維持できていることから，児童相談所による児童の一時保護が必要な段階ではないと判断。母親の了解を得て，その場で父親に電話をし，これまでの経緯を説明するとともに，直ちに帰宅するよう依頼。父親の帰宅を待ち，母親の状況とこれ以上，抑うつ気分や不眠が続く場合には，精神科受診が必要であることを伝えた。

　その後，保健師が同行し精神科を受診したところ産後うつとの診断。しかし，授乳中のため服薬ができず，養育支援訪問事業（※）の実施とともに，保健師と交代で定期的に家庭訪問や電話で様子を尋ね，母親の精神状態をモニタリングするとともに心理的な援助を継続し，状況が改善された。

※児童福祉法に基づく事業で，養育支援が特に必要であると判断した家庭に対し，保健師・助産師・保育士・ヘルパー等がその居宅を訪問し，養育に関する指導，助言，家事支援，育児支援等を行なうもの。

　このような相談を受けた際には，母親が言う「この子さえいなければ」との発言を評価するために慎重な対応を行なう必要がある。一時的な育児不安として話を傾聴することで良いのか。万が一を考え，子どもの安全のために，直ちに子どもを一時保護するための手配が必要な状態なのかの見極めである。

　拙速に「あなたには休息と治療が必要だから子どもを施設で預かるのが良いと思う」などと投げかければ電話を切られて，せっかくつながりかけた細い糸が切れてしまうかもしれない。どの程度，危機的な状況なのかを判断するための情報を得るために，まずひたすら受容的・共感的に聞き取りを行なうことである。

「私たちはあなたの力になりたい」旨を伝え，母親が相談員を信頼してもらえるようになるまで話せた段階で，相手の名前や住所等を尋ねる。リスクが高いか，より詳細な調査が必要であれば，説得し，了解を得て直ちに家庭訪問をすることになる。

　子ども家庭支援センターが重視するのは，事実の確認とその評価である。クライエントの意思や主観的な世界に寄り添うことも大切であるが，同時に「子どもの安全」を図らなければならない。リスクが高い場合には，名前や住所といった個人情報を教えてもらえなくとも，住民登録の情報などから家族構成や

居住地域等で個人を絞り込み接触を図ることもある。

電話中に個人が特定できれば、周囲の相談員がリスクの評価をするために、他の相談機関での相談歴や、保健センターの乳幼児健康診査の記録等の調査を始める。特に、乳児の場合には児童福祉法に基づく乳児家庭全戸訪問事業の実施時に質問紙によるEPDS（エジンバラ式産後うつ病問診票）や対児感情の評価をしており、リスク判断の参考となる。その他、得られた情報はその都度電話を受けている相談員に伝え、電話が終わるとその時点でのリスク判断と方針を決めるための、緊急受理会議を行なうこととなる。

2-2 児童福祉施設職員等へのコンサルテーション

地域では、子育て中の家族を支える社会的な基盤が整備されつつある。とりわけ0歳から保育所や幼稚園に入るまでの間の母親の負担が大きいため、親同士・子ども同士が出会い、孤立の解消や悩みの相談場所として、子育て広場、児童館、子育て支援センター等があり、子ども家庭支援センターにもこのようなスペースをもつ場所がある。

いつでも、好きな時に、乳幼児をもつ親子が遊びに来て利用できる。乳児の生活リズムや離乳食などについては、センターで日ごろ顔を合わせる保育士のほうが気軽に相談できる。しかし、中にはより専門的に心理職が対応したほうが良い場合もあるが、まず児童福祉施設等の職員が、心理職に何ができて、何ができないか、どのような場合に心理職につないだほうが良いのか知ってもらうことが重要である。

また、精神疾患や発達障害が疑われる親や児童、子どもへの不適切な態度などに児童福祉施設等の職員は、どのように対応すれば良いか戸惑っている。日ごろから職員向けの職場内研修の講師を担ったり、親向けの子育て講座の講師を引き受けたりすることで、顔のつながりができ、困ったときにコンサルテーションできるつながりをつくっておくことが大切である。

2-3 親教育

子どもを育てることは親にとって初めての経験である。保健センターの開催する両親学級などでは、授乳のタイミングや量の加減、おむつの替え方、沐浴

のさせ方を伝えている。しかし，それだけでは子育てにおけるさまざまな事態に対処することはできない。

　日本では父親になること，母親になるための準備教育が充実しているとは言えない。きょうだいができたことで，下の子をいじめる，自我の芽生えに伴う自己主張の時期，いわゆる「イヤイヤ期」が来ることで親を困らせる，といった心配や問題にどのように対応すれば良いか，などである。

　このような，子育て中にぶつかる問題を乗り越えてもらうために「親教育」「ペアレンティング」と呼ばれるものがある。その多くは欧米で開発されたものであり，発達心理学，臨床心理学，行動科学のエッセンスなどを取り入れており，専門的な用語を使わずに，グループワークといった体験学習としてプログラムされている。

　子ども家庭支援センターでも，親教育プログラムの1つである「ノーバディーズ・パーフェクト」を開催しているところがある。また，筆者は「スター・ペアレンティング」をベースに，児童館に出張して親講座を行ない，心理学をベースにした子育てに関する知識と技術を伝えてきた。

　スター・ペアレンティングの特徴は，「どならず，叩かず」を目標に，どのように子どもの親を困らせる行動に対処していくのかという「方法」を伝えている。子育てがうまくできないのは，親の能力や愛情の問題ではなく，子育ての「方法」や「技術」を知らないためであり，楽しんで子育てできるようになることを目標にプログラムされている。

事例2　いつも食べ物で遊ぶ子どもを感情的にどなりつけてしまう母

　2歳児の母。食事の時に食べ物を弄ぶ場面が多く，言うことを聞かないため感情的にどなりつけてしまい自己嫌悪になるという母。

　スター・ペアレンティングの宿題として，食事場面の観察と記録を指示。1週間後，記録をグループ内で報告。すると，「いつも食べ物で遊ぶ」と思っていた場面が実は3日に1度程度。しかも，お腹が満たされた後も食物を出していたことに気づく。子どものマナーの悪さや母への反抗ではなく，年齢相応の行為であり，環境を変える（食べ物を片付ける）ことで解決。不必要に叱る場面がなくなり自責の念も減少した。

第3節　虐待予防システムにおける心理職の役割

　児童虐待は，身体的虐待，性的虐待，ネグレクト，心理的虐待に分類される。統計的に心理的虐待の割合は多いが，内訳はいわゆる泣き声通告（隣の家から子どもの泣き声が聞こえてきて心配），DV目撃，あるいは他のきょうだいの身体的虐待の目撃などである。
　しかし，すべての虐待は児童の心理に著しい影響を及ぼすものであり，心理職としてその予防対応に努めなければならない。

3-1　児童虐待の要因と援助

　子ども家庭支援センターは，子どもと家庭に関するあらゆる種類の相談を受けるが，特に重要なのは児童虐待である。市町村は児童家庭相談の第一義的な窓口とされており，住民や児童に関係する機関（学校，保育所等）から，児童虐待の通告がもたらされる。
　虐待通告が入れば48時間以内に子どもに会いに行き，その安全を確認するとともに，親とも接触し，アセスメントの上で援助方針を決め援助を行なう。
　児童虐待は，さまざまな要因が複合して発生する（図8-3）。たとえば，知的障害児としての療育手帳を申請せず，障害児としてのサービスや援助も受けずに成長した場合を考えてみたい。障害に対する適切な周囲の理解と援助がなければ，学校生活や人間関係での適応がうまくいかず，自己評価が低くなりがちである。元々の障害特性と，失敗経験の重なりによってフラストレーション耐性が低く，仕事のつらさに耐え続けることができずに離職して経済的に困窮する。人間関係の機微を学ぶ機会も乏しいため，周囲から浮いてしまう。原家族との折り合いも悪く，パートナーとの関係も不安定で，結果的に孤立してしまい精神疾患を発症する。
　女性の場合は性被害にあったり，性産業に利用されたりすることもあり，計画性のない妊娠・出産を迎えることになる。親の能力が，障害や病気により低下しているところに，家族の援助が得られず，経済的にも不安定であれば，それでなくともストレスの多い子育てがより困難になることは想像に難くないだ

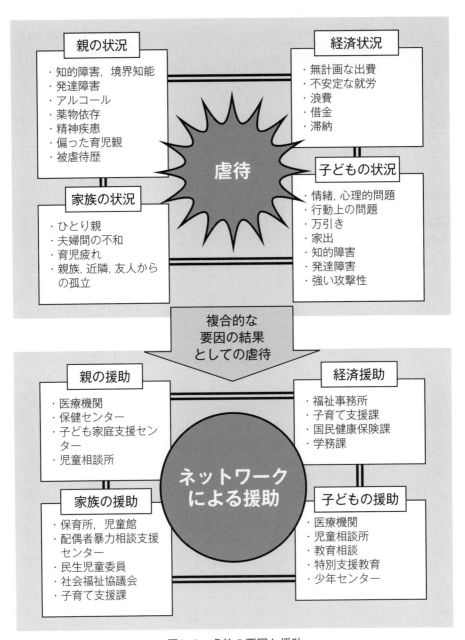

図8-3 虐待の要因と援助

ろう。

　こうした状況の中で適切な養育を受けられずに育てられてきた子どもは，基盤となる愛着形成が脆弱で，結果的に落ち着きのない行動や反抗的な態度となり余裕のない親が罵声を浴びせ，暴力に及び，時に育児を放棄しさらに悪循環となってしまう。

　このように複合的な要因で発生する虐待問題の対応は，親の能力や人格及び社会的なアセスメントをもとに，親と子どもに必要な援助を，いろいろな機関のさまざまな制度・サービスを利用し，関係機関が緊密なネットワークを組み協力して養育環境の改善を図る。

事例3　泣き声，怒鳴り声通告から援助につながったケース

　「アパートの下の部屋に住んでいる3歳くらいの男の子が，いつも母親に怒られている。特に朝がひどくて男の子の叫び声や泣き声が激しい。怒鳴り声の直後にバタンという音と泣き声が聞こえてくることもある。母親はいつも表情が硬くてあいさつもしない人で，子どもが虐待されているのではないか心配」という虐待通告を受ける。

　通告を受け，住民基本台帳から氏名と家族構成を確認すると，母子の2人世帯であることがわかる。保健センターの乳幼児健康診査の際の情報を調べると，3歳児健診のときに子どもの落ち着きのなさの訴えがあり，保健師が心理職との面接を勧めているが「うちの子は障害児ではない」と言って拒否。母親は思春期のころにうつによる心療内科の既往歴。生活費は，離婚した父親からの養育費と，実家からの援助があるとの記録が残っていた。

　子どもに保育所等の所属がないことから，社会福祉士の男性と心理職の女性で即日家庭訪問を実施。母親に訪問理由を説明すると，激怒し「誰がそんな連絡をしたのか教えろ！」「自分は虐待なんかしていない！」「確認したいなら裸にするから見ていけ！」と興奮。しばらくして，興奮が収まり自分も懸命にやっているのに，この子が全然言うことを聞いてくれないし，危険なことをするので，声が大きくなってしまう。仕方なく叩くこともあるが，怪我をさせたことはない。他にやり方があるなら教えてほしい，と涙を浮かべながら訴える。

　得られていた情報から話を引き出していくと，父親からの養育費は最近は振

り込まれなくなっている。家賃も滞納して，これからどうやっていけば良いかわからなくて，イライラして眠れないとの訴えが語られる。その間も，子どもは部屋を走り回り，興奮して母親の気持ちを逆なでする行動をしていた。

　子ども家庭支援センターは，子育てに困っている親からの相談を受ける機関であり，経済的な問題，住居の問題，子どもの問題への手助けとともに母親の支えになれることを伝える。社会福祉士の男性は，生活保護の相談への同行，母子生活支援施設，保育所への入所についての援助ができることを説明。心理職の女性は，自分が心理職であることを伝え，子どもの様子から母親の苦労を労うとともに，子ども家庭支援センターでの子どもへのかかわり方の具体的な方法の助言を提案。

　後日，発達検査の実施と親子遊びを通したかかわり方の助言を行なった。また，母親の精神科受診と並行して，継続的なカウンセリングも行ない，状況の改善が見られた。

3-2　心理職の役割

　児童虐待が発生しても子どもに重大な危険が迫っていると判断されなければ，親の下で再度虐待が起こらないように予防的な対応を行なう。関係機関による子どもと親の状態の継続的なモニタリング体制を確立するとともに，さまざまな機関の有する制度，サービスを活用し援助していく。

　大切なのは親の能力や人格，精神的な状態のリスク評価とその援助であり，心理職に期待される役割は大きい。リスク評価が必要なケースについては，親と接触し，直接会話を交わす必要がある。特に親と子どもへのかかわりや，やりとりの観察も重要である。また，怒りと衝動性のコントロールに関する評価と，解離状態における自傷他害の可能性について留意している。

　子どもに発達上の課題が予測される場合には，発達に関する見立てを行ない，親が受け入れられる範囲でフィードバックするとともに，発達検査の実施や療育機関の紹介をする。親が継続的なカウンセリングを望み，その必要性が高い場合には，来所による面接を継続する。親の中には，精神科治療を継続している場合も多いが，親のカウンセリングを行なうことで，安定した子育てが維持

できると判断される場合には，主治医とも連携してカウンセリングを実施する。

第4節　家族支援と心理臨床

　子ども家庭支援センターの業務は，子どもと会う時間よりも親と会う時間のほうが，はるかに大きな割合を占めている。これは，親を援助することが，何よりも子どもの援助につながるからである。また，パートナーとの関係が，子育てに直接影響するため，家族，特に夫婦の関係改善を図ることも重要である。

4-1　親として生きることへの寄り添い

　夫婦2人だけの家族と子どもができてからの家族は大きく変化する。夫婦の役割や関係性は一変することになる。特に新たな母親という「役割」や「母親として生きる」ことは，女性のアイデンティティに大きな変化が訪れることになる。父親の育児参加が増えていると言われているが，性差による役割，心理的変化は女性のほうがはるかに大きい。ましてや，望まない妊娠・出産の場合には，その受け入れに困難が伴うこともある。

　子どもとの生活は愛情や喜びに溢れたものだけではない。人生の大きな目的や目標となる家庭や家族像は，その期待が大きい分，夢や理想と現実とのギャップに悩むことになる。頑張って努力しても思うようにはならない子どもや「父親」になれない夫への不満など，母親は，子どもへの気持ちが深い分，時に大きな感情の揺れを伴うこともあり，一方の父親はその母親を支える役割が重要である。

　「母親役割」「父親役割」は紋切り型のものではない。それぞれのパートナーが（原家族との体験によるところが大きい）意識的，無意識的にもっている家族イメージと役割を重ね合わせていく必要がある。パートナーそれぞれが父親，母親としての新たなアイデンティティを見出し，家族のイメージを重ね合い，子どもとともに生きていくことに喜びを感じられるように，心理的に援助することが大切となる。そのためには，これまでの人生の中での原家族との関係や，自らのそしてパートナーとの人生観や価値観と折り合いをつける必要があり，心理職はそこに寄り添っていくこととなる。

4-2 親の自尊感情を高める

　虐待，あるいは不適切な養育を契機として介入することは，親に「自分は，子どもの親として失格と思われている」として，自信をなくし自尊感情を失わせることがある。親は自分の養育態度を振り返り，不適切な部分の気づきと改善が必要な一方で，親なりに子どもに対してできている部分があることも事実である。

　具体的な日常生活や育児行動の話の中で，これを取り上げ，強調し，評価することによって自尊感情を高めることが重要である。しかし，一方で親の話を受容的・肯定的に話を聞くことが，不適切な養育や虐待を肯定し，助長しかねないというリスクを十分に認識しなければならない。

4-3　夫婦カウンセリング

　援助を行なう家庭の多くが核家族かひとり親家庭である。特に核家族の場合には夫婦の関係が，主として育児を担う母親の精神的状態に与える影響は大きい。母親との継続的なカウンセリングを行なっていくと夫婦間の問題がテーマになることが非常に多い。

　また，男児へのネガティブな感情の背景には，夫への感情の投影であることが多い。夫婦間の関係不調は親の精神状態に大きな影響を及ぼすため，お互いが相手に抱いている期待や感情に気づき，修正していくといった関係調整が大切である。

　相談員は，男性，女性ペアになり父親，母親ともに来所してもらい夫婦カウンセリングを行なう。当初，合同で面接し，その後，男性は父親と，女性は母親とそれぞれ別室で話をする。その後，相談員同士がそれぞれのパーソナリティの評価やコミュニケーションのズレの原因について打ち合わせた後，それぞれにフィードバックし，最後にふたたび4人でふりかえりを行なう。

事例4　夫婦関係の調整により身体虐待が改善したケース

　幼稚園から5歳の男児が母親に叩かれて，顔に掌の跡をつけて登園したとの虐待通告。母親は教諭に「登園の支度が遅くてバスに間に合わなくなりそうで頭にきてひっぱたいてしまった」と話していたが，これまでにも同様のことが

度々あるため通告に至る。母親から事情を聞くため，幼稚園に母親を呼び出し面接。母親は身なりもきちんとしており，硬い表情でメモをとりながら応じていた。

母親によると，家族で小学校受験を決め，合格を目標にこれまで取り組んできたが，わが子のだらしなさが非常に目につき，塾の先生からも指導を受けている。父親は，いまになって「受験すると決めたのはお前だし，仕事で忙しい」と，わが子の教育にはかかわらない。手を上げるのは良くないとはわかっているが，気持ちの焦りもありどうしようもなかった。

受験が近づき，イライラする気持ちを抑え，手を上げない母親になりたいとの思いがあり，心理職による月に1度のカウンセリングを継続した。面接の中で，幼稚園の母親同士の付き合いの負担感。エンジニアで転勤のある夫の意向で海外赴任の機会を見送った後悔。両親や周囲の期待に応えたい，という思いを子育てのうえでも感じ焦っていること。また，父親は母親の焦りや感情の揺れに無関心で，趣味に逃げており，支えになってもらえず，性交渉もなく夫婦関係が冷めていること，生理前はイライラが昂じること，などが語られた。

しかし，内省が自己否定感を強めてしまう傾向もあり，父親との関係改善が重要との認識に至り，夫婦カウンセリングとなる。夫婦同士の会話から父親は問題解決の意欲はあるが，母親の感情的に激高する態度にどう対処して良いかわからずにいること。父親は母親の発する言葉をそのまま受け取り，背景にある思いに至らず，母親に拒絶されていると思い込んでいたことが明らかとなる。

そこで，夫婦間のコミュニケーションのズレの原因を明らかにするとともに，それぞれの思いを伝え関係を修正していく作業を積み重ねた。その結果，夫婦関係の改善と母親の子どもへの態度の変化が見られ，終結に至った。

第5節　要保護児童対策地域協議会と機関連携

児童虐待等の子どもの問題に対応するためには，関係機関間の情報交換が大切である。かつては，それぞれの機関がもっている個人情報の交換は個人情報保護の観点から困難であった。しかし，これでは児童虐待が防止できないとし

て，児童福祉法により要保護児童対策地域協議会が市町村に設置できることとなった。

　要保護児童対策地域協議会に属する機関（自治体内の児童にかかわる機関とその構成機関の職員が包含されている）の中では，人権に配慮しつつ，それぞれの守秘義務を越えて必要な情報の交換をすることができ，その調整をする機関が子ども家庭支援センターである。相談員は，関係機関に家庭の状況について変化があれば連絡をするように依頼し，新たな情報があれば情報提供を行ない，緊密な連携をとっている。

5-1　保健センターとの連携

　保健センターとの連携で特にかかわりが深いのが母子保健事業を担う部署である。ここでは，新生児訪問，乳児家庭全戸訪問事業，乳幼児健康診査等の事業を行ない，地区ごとに担当保健師が配置されている。

　母子の健診事業を行なう中で，子どもの発達障害や養育上の援助が必要な家庭がスクリーニングされる。とりわけ，発達障害は児童虐待のリスクの1つであり，早期の発見が重要である。また，保健センターでは精神保健福祉相談事業を実施していることから，精神障害者への対応も行なっている。精神疾患を抱える親が多いことから，乳幼児をもつ家庭への援助では保健師とは常に協働している。

　虐待ケースの親の場合，時に子ども家庭支援センターが指導的役割を取らざるを得ず，親と対立する関係になる場合もある。このような場合に，立場の異なる保健師が親に寄り添う役割を取ることにより「誰かが家庭とつながっている」状態を維持することができる。

5-2　児童発達支援センターとの連携

　虐待の背景に子どもの発達障害がある場合には，児童発達支援センターなどの療育機関につなぐことがある。その際には，子どもの発達状況だけでなく，家庭的な背景も含め，子どもや親と日常的にかかわれる機関として，必要な情報を提供するとともに，虐待が発生しないかを注意深く見守ってもらう。療育機関に通っていることと，親が子どもの障害を受容できているかは別である。

親が子どもの障害を認められず，能力以上の要求をし，「教えるため」に暴力をふるうこともある。障害のある子の親として生きていくプロセスでは，子どもに対する感情が否定的となり，言動に出てしまうこともある。

また，障害や療育の理解の度合いや，負担のバランスを巡ってパートナーとの関係も不安定となりがちである。療育機関では，子どもの発達を伸ばすことも大切であるが，日常的に子どもにかかわる親が「ありのままの」子どもの成長を見守り，障害のある子の親として生きられるように，心理面で親を支え育てていくことも大切である。そのため，相互の機関がかかわっているケースの場合には，日常的に密な連携を行なう必要がある。

5-3　保育所・幼稚園・学校との連携と心理臨床活動

子ども家庭支援センターは，保育所・幼稚園・学校から虐待通告を受けることが多い。しかし，虐待された子どものうち，虐待が重篤で親の下で生活することが適当でない，として施設措置される児童は約10％と言われている。

つまり，虐待があっても，ほとんどの場合は，その後も親の下で暮らしており，通告した保育所等に通い続けるのである。そのため，保育所等は，その後も親に日常的に対応しなければならない。必要な場合にはケース会議が開催され，親への対応について相談や助言が求められることがある。さまざまな問題を抱える親は，関係機関の職員に不安や恐怖，職場内の混乱を与える。関係機関の職員からの情報も不安や恐怖に彩られた，主観的で不正確なものになりがちである。

このため，一般論や抽象論ではなく，事前に収集したその親に関する客観的な情報や事実に基づく個別的で具体的な助言が必要になる。その親の言動の背景となっている問題について説明し，なぜ保育士や教諭に対して攻撃的な言動になってしまうのか，不安定になってしまうのか，などについて理解を促すとともに，その対応について助言する。

子ども家庭支援センターの相談につながっていない親の場合には，関係機関の職員が親との関係を築く中で，問題を抱える親のニーズを引き出し，子ども家庭支援センターにつなげていけるよう助言を行なう。子ども家庭支援センターでも，必要性が高いケースの場合には，関係機関に出向いて，親との関係が

できている職員同席の下で，顔合わせをしたうえで，その後の面接相談，家庭訪問ができる援助関係を築いている．特別な配慮を要するむずかしい親への対応には，管理職を初めとした職員の一貫したゆるぎのない姿勢と柔軟な対応，そして日々試行錯誤しながら親対応に腐心する職員への労いが大切である．

事例5　落ち着きのない子どもに対して手を上げている母親へのかかわり

保育所から相談．母親が子どもを平手打ちし，頬を赤く腫らしてくる．保育中に他の子どもを怪我させたことを母親に報告すると，その場で平手打ちすることもある，と．

まず園長，担任と母親で話し合い，家でも園でも同じように対応に苦慮していることを共有．そのうえで，職員と母親が子どもへの対応の仕方を，子ども家庭支援センターの「心理職」から学ぶため，母親が迎えに来る夜7時に保育所で心理職と面接するようにセッティング．子どもの特徴への理解を促すため発達検査の実施と，「叩かない方法」を一緒に探すことを提案し，子ども家庭支援センターでの継続的な面接が始まった．

おわりに

市町村では子育てに必要なさまざまなサービスを提供している．しかし，行政が提供できるサービスは公平性・平等性の観点から量や幅に限界がある．家庭の抱える個々のニーズは多様であり「かゆいところに手が届く，きめ細かいサービス」を提供するためには，住民や活動団体等と協働していくことが重要である．

たとえば，「頼れる親族が近くにいない」「転居してきて知人も友人もいない」等の孤立感を抱える家庭に，話をしたり，一緒に出かけたりするボランティアを派遣する事業を行なっている団体がある．このような団体に補助金を交付したり，ボランティアへの事前研修で精神疾患のある保護者への対応に関する講義をしたりするなどの支援もしている．また，活動の中で見出された問題が深刻な家庭には，子ども家庭支援センターを紹介してもらうなどの連携も行なっている．

地域の中には，精神疾患や発達障害，その他のさまざまな事情を抱える親や子が数多く生活している。親も子も対人関係をうまく保てず，周囲の人々から疎まれるような言動の結果，孤立してしまうこともある。親や子が抱える生きづらさに加え，周囲の関係機関や地域の人々もこのような親や子をどのように理解し対応したらよいか戸惑っている。

　コミュニティとともに生きる心理職は，個々の相談に応じるだけでなく，さまざまな事情を抱える人々が地域の中で孤立することのないように，専門的技術・知識によって相互が理解し合い，受け入れられるようになるための媒介としての役割も重要である。

　子ども家庭支援センターの相談員は，法律に基づき「子どもの安全を守る」という明確な目的をもって業務を行なっている。個の内面の苦しみや痛みを理解し支えつつも，時には心の腫れ物に触れ，親の意志に反してでも，子どもを守る盾となる。そのために，心理職をはじめ多職種がそれぞれの専門性を結集している。と同時に大切なのは，柔軟で確かな見立てと戦略的方策のプランニング力，コミュニケーション力，そして積み上げられた信頼の下に人や関係機関を動かしていくマネジメント力である。

引用・参考文献

E・クレアリー　田上時子・本田敏子（訳）　2010　叩かず甘やかさず子育てする方法　築地書館

ジャニス・ウッド・キャタノ　三沢直子（監修）幾島幸子（訳）　2002　完璧な親なんていない！　カナダ生まれの子育てテキスト　ひとなる書房

厚生労働省　市町村児童家庭相談援助指針　（平成17年2月14日雇児発第0214002号）

日本子ども家庭総合研究所（編集）2014　子ども虐待対応の手引き－平成25年8月厚生労働省の改正通知　有斐閣

野村武司・磯谷文明・坂入健二・髙岡昂太・中谷茂一・古畑淳・山本恒雄・吉田恒雄・井原正則・海老原夕美・西澤豊陽子・平湯真人　2010　児童虐待事例で対峙する保護者への対応に関する研究　財団法人　こども未来財団　平成21年度　児童関連サービス調査研究等事業報告書

東京都福祉保健局少子社会対策部　2005　子ども家庭支援センターガイドライン

あとがき

　本書の特色は，対人援助の専門領域（子育て支援，発達支援，さらには学校教育，社会的養護）における事例を解説しているところである。ここでの事例は，対人援助の問題を心理職の目を通じて示したものであるが，少なくとも2000年以降の対人援助システムの課題も明らかにしている。

　これらはミクロレベル，メゾレベル，マクロレベルの課題を提起しているが，その中で重要なことは心理職が自ら置かれている地域の対人援助システムの中で何を使命として仕事をするかである。そして心理職として提供する援助や支援が当事者にとってどれだけ機能的で実効性を伴うものかである。

　心理職にとってコンサルテーションやアウトリーチ活動は，それを必要とする当事者のニーズに応えるための幅広い知識と豊富な臨床経験が必要である。それだけにコンサルテーションやアウトリーチほど心理職の仕事として力量が試されるものはないのである。心理職が心理アセスメントや個人臨床という自分の土俵から一歩街に出て，街の中で当事者の生活の場で仕事をすることこそ専門職としての醍醐味があると言えよう。

　今日，さまざまな公的サービスは，相談機能を総合化し領域ごとの縦割りによる弊害をなくす努力が行なわれている。同時に，相談窓口を当事者の生活に近いところでワンストップ化し情報提供の格差をなくす工夫も始まっている。

　しかし，それはいまだ入口段階に留まっており，当事者のライフステージにわたる早期発見，早期介入，事後対応までに至る包括的な援助や支援とはなっていない。このような現状の中で心理職は，どのような使命を果たすべきか，これまでも心理職は地域の中に身を置き自問しながら心理臨床を積み重ねてきたといえるし，これからもその姿勢は変わらない。

　本書で示すような子どもの問題にかかわる心理職は，親を含めた大人側の情報アクセスの違いが問題解決の結果の違いを生み，援助や支援を真に必要とする人々につながっていないという現実認識を共有している。昨今，子どもの貧困率（16.3％。6人に1人が貧困）が注目されているが，特別なニーズとして位置づけられる，ひとり親世帯など家族の多様化が生み出す問題は，親の孤立，

家庭機能の脆弱さを反映するものである。

　国や自治体には，子どもを取り巻く環境の改善として親の問題に，どのような支援体制を整えるかが問われている。わが国においても，子どもの問題は親及び家族の問題であるとの認識に立ち，子どもを救うために親と家族を援助する包括的な地域支援システムとそれを指導する国家プロジェクトが必要である。筆者は，このような取り組みに心理職が専門性を発揮し，特別なニーズをもつ人々の問題解決に貢献することを期待している。

　本書で取り上げた地域における心理コンサルテーションとアウトリーチは当事者の相談ニーズに応えるための有効な方法である。地域における心理職の仕事は，子育て支援，発達支援，不登校，社会的養護等の問題が重複化する事例に直面することが大部分である。それだけに心理職は新しい地域システムとして機関支援（コンサルテーション）と在宅支援（ホームビジティングやデリバリー）に積極的に行動を起こす必要があるだろう。

　どんなに立派な通所利用の相談施設を設けても，そこに人がアクセスしなければ当事者の利益はなく，心理職の専門性を展開する場は存在しない。真の心理職の専門性とは多職種の特徴を十分に認識し連携・協働できる総合力のあるプロフェッショナルな姿である。そこでは相談室での心理臨床しか知らないという専門職は必要とされないのである。

　今後，国家資格化した認定心理師の養成において必要なことは，コンサルテーションやアウトリーチの臨床教育を充実し，即戦力として使える人材を育成することである。

編者　舩越知行

[執筆者紹介] （執筆順・所属及び肩書きは執筆当時のものです）

舩越　知行（ふなこし・ともゆき）
編著者，目白大学人間学部人間福祉学科教授，臨床心理士

泉野　淳子（いずみの・じゅんこ）
足利工業大学非常勤講師，群馬県スクールカウンセラー，臨床心理士

小川　圭子（おがわ・けいこ）
江戸川区すくすくスクール巡回相談員（非常勤），臨床心理士

平野　敏惠（ひらの・としえ）
東京医薬専門学校非常勤講師，千葉県スクールカウンセラー，前新宿区特別支援教育センター　臨床心理士

清水　幹夫（しみず・みきお）
多摩心理臨床研究所長，法政大学名誉教授，臨床心理士

若松亜希子（わかまつ・あきこ）
東京育成園　臨床心理士

縄田　裕弘（なわた・やすひろ）
社会福祉法人からしだね　児童発達支援センター　うめだ・あけぼの学園　発達支援部　親子通園室　臨床心理士

坂入　健二（さかいり・けんじ）
葛飾区子ども総合センター主査，臨床心理士

[編著者紹介]

舩越　知行（ふなこし・ともゆき）

目白大学人間学部人間福祉学科教授，同大学院生涯福祉研究科教授。臨床心理士。
青山学院大学大学院文学研究科修士課程（心理学専攻）修了。
東京都台東区役所保健福祉部障害福祉課（施策推進担当）を経て，2005年より現職。
専門は，早期介入・発達臨床，インクルーシブ教育，心理コンサルテーション，地域支援システムなど。

主な著書に，『特別なニーズのある子どもの早期介入と地域支援』（編著，学苑社，2011），『発達支援学：その理論と実践』（共著，協同医書出版社，2011），『新版小児保健Ⅱ　障害児の理解と発達支援』（共著，建帛社，2008），『特別な教育的ニーズを持つ児童の放課後対策と相談支援のあり方に関する研究』（明治安田こころの健康財団編，2008），『大学生のメンタルヘルスと学生相談－精神療法 Vol.33 No.5』（金剛出版，2007），『障害児早期療育ハンドブック　東京発・発達支援サービスの実践』（編著，学苑社，1996）がある。

心理職による地域コンサルテーションとアウトリーチの実践
――コミュニティと共に生きる

2016年4月27日　初版第1刷発行　　　　　　　　　　［検印省略］

編著者　　舩越　知行

発行者　　金子　紀子

発行所　　株式会社　金子書房
〒112-0012　東京都文京区大塚3-3-7
TEL 03（3941）0111／FAX 03（3941）0163
ホームページ　http://www.kanekoshobo.co.jp
振替　00180-9-103376

印刷　藤原印刷株式会社　　製本　株式会社宮製本所

© Tomoyuki Funakoshi 2016　Printed in Japan
ISBN978-4-7608-2657-5　C3011